微课
设计制作教程

陈新龙　黄智勇　编著

清华大学出版社

北京

内 容 简 介

本书是中国大学 MOOC 收费课程"4 小时教你快速制作微课"的配套教材,以理工类微课的快速设计和制作为切入点,基于作者二十余年的网络资源建设与开发经验,介绍基于 PPT 制作有声视频,基于动图、手绘视频、同步字幕快速进阶 PPT 视频,基于"利器"快速为 PPT 视频添加片头、片尾,基于语音合成、卡通口型动画视频旁白快速实现课堂虚拟交互,基于 Premiere CC 合成最终作品的微课制作方法。

本书配套资源丰富,读者可用微信扫描书中二维码下载配套素材及教学 PPT,观看教学微课视频及网络直播课。本书可作为"微课设计与制作"课程的教材,可供教师及从事微课开发的技术人员参考,也可作为社会读者学习微信表情包制作、语音合成、口型动画制作等技术的参考书。

图书在版编目(CIP)数据

微课设计制作教程/陈新龙,黄智勇编著.—北京:清华大学出版社,2022.10
ISBN 978-7-302-61368-8

Ⅰ.①微… Ⅱ.①陈… ②黄… Ⅲ.①多媒体课件-制作-高等学校-教材 Ⅳ.①G434

中国版本图书馆 CIP 数据核字(2022)第 124652 号

责任编辑:文 怡
封面设计:王昭红
责任校对:韩天竹
责任印制:沈 露

出版发行:清华大学出版社
   网 址:http://www.tup.com.cn,http://www.wqbook.com
   地 址:北京清华大学学研大厦 A 座 邮 编:100084
   社 总 机:010-83470000 邮 购:010-62786544
   投稿与读者服务:010-62776969,c-service@tup.tsinghua.edu.cn
   质量反馈:010-62772015,zhiliang@tup.tsinghua.edu.cn
   课件下载:http://www.tup.com.cn,010-83470236
印 装 者:北京嘉实印刷有限公司
经 销:全国新华书店
开 本:185mm×260mm 印 张:18.25 字 数:412 千字
版 次:2022 年 11 月第 1 版 印 次:2022 年 11 月第 1 次印刷
印 数:1～2500
定 价:69.00 元

产品编号:094490-01

前言

在"互联网+"时代,信息技术与教育教学深度融合成为必然趋势。微课凭借短小精悍的特点契合了网络时代的个性化学习、碎片化学习、移动学习等需求,成为教育教学改革的切入点之一。教师是信息时代数字化教学资源的开发者和信息化教学的实践者,设计、制作及使用微课,是教师需要掌握的新技能。

2012年,慕课问世。美国斯坦福大学的"人工智能导论"MOOC课程受到世界范围内的广泛关注,基于慕课的教学模式成为教学研究的热点。之后,"学堂在线""中国大学MOOC"等国内慕课平台先后上线,慕课在国内落地开花。2015年,教育部发布《关于加强高等学校在线课程建设应用与管理的意见》,之后又两次组织国家级精品在线开放课程的认定。基于在线课程的翻转课堂教学模式开始席卷各大高校,以碎片化视频及其辅助资源组成的微课成为教学资源建设的热点。2019年4月,教育部高等教育司印发《教育部高等教育司2019年工作要点》,正式提出并实施一流课程"双万计划",建设10000门左右国家级一流课程和10000门左右省级一流课程。

2016年,重庆大学开始启动在线课程建设及翻转课堂教学试点,资助作者制作"数字电子技术MOOC",开启了作者纯个人制作MOOC的探索与实践历程。经过一段时间的研究与探索,作者决定采用OFFICE MIX结合其他工具软件来制作慕课。2017年9月,"卡通说解数字电子技术"上线,被认定为重庆市首批精品在线课程。2018年12月,作者进行了基于语音合成制作慕课的探索与实践。基于该方法,2019年3月,"电工电子技术(电脑合成版)"上线,被认定为重庆市2020年高校线上一流课程。

2019年7月,应中国大学MOOC名师专栏的邀请,作者规划、制作并上线了收费课程"4小时教你快速制作微课"。2019年8月,该课程更新完成。2020年年初,新冠疫情来袭。特殊的岁月里,学生"停课不停学",老师"停课不停教"。为帮助更多的教师适应线上教学的需求,作者特别开设"如何自己做MOOC"系列直播课,结合"4小时教你快速制作微课"的资源,分四次系统讲解基于PPT快速制作慕课的方法。

基于上述数字资源,2021年底,本书的建设工作开始启动。以理工类微课的快速设计制作为切入点,基于作者二十余年的网络资源建设与开发经验,介绍基于PPT制作有声视频,基于动图、手绘视频、同步字幕快速进阶PPT视频,基于"利器"快速为PPT视频添加片头、片尾,基于语音合成、卡通口型动画视频旁白快速实现课堂虚拟交互,基于Premiere CC合成最终作品的微课制作方法。

本书得到中国高等教育学会"数字化课程资源研究"专项课题重点项目、自动化类专业教学指导委员会第四批专业教育教学改革研究课题、重庆大学教育教学改革项目、重庆大学微电子与通信工程学院教材建设项目等的立项资助。

　　本书配套资源丰富,读者可使用微信扫描书中二维码,下载配套素材及教学 PPT,观看教学微课及网络直播课。本书可作为高等学校"微课设计与制作"课程的教材,可供各级各类教师及各领域从事微课开发的技术人员参考,也可作为社会读者学习微信表情包制作、语音合成、口型动画制作等技术的参考书。

　　由于作者水平有限,不妥甚至错误之处在所难免,敬请读者批评指正。

陈新龙

2022 年 10 月

目录

目录

目录

第1章

概 述

PPT

视频

20 年前,教师是用粉笔上课的。近十几年,教师主要用 PPT 上课,培育了 80 后、90 后等几代年轻人。近年来,以微课为核心的线上课程资源逐渐丰富,引发了教育教学领域的一场新的革命。

1.1　信息技术与未来教育

21 世纪是信息化的时代,信息技术在现代教育技术中扮演着非常重要的角色。

广义而言,信息技术是指能充分利用与扩展人类信息器官功能的各种方法、工具与技能的总和。狭义而言,信息技术是指利用计算机、网络、广播电视等各种硬件设备及软件工具与科学方法,对文图声像各种信息进行获取、加工、存储、传输与使用的技术之和。用于管理和处理信息所采用的各种技术统称为信息技术(IT)。信息技术常见的应用模式是应用计算机科学和通信技术来设计、开发、安装和实施信息系统及应用软件,也常称为信息和通信技术(ICT),主要包括传感技术、计算机与智能技术、通信技术和控制技术等。

信息技术的应用包括计算机硬件和软件、网络和通信技术、应用软件开发工具等。计算机和互联网普及以来,人们日益普遍地使用计算机来生产、处理、交换和传播各种形式的信息(如书籍、商业文件、报刊、唱片、电影、电视节目、语音、图形、影像等)。

信息技术的主要特征包括以下方面。

(1) 技术性。具体表现为:方法的科学性、工具设备的先进性、技能的熟练性、经验的丰富性、作用过程的快捷性、功能的高效性等。

(2) 信息性。具体表现为:信息技术的服务主体是信息,核心功能是提高信息处理与利用的效率、效益。信息的秉性决定信息技术还具有普遍性、客观性、相对性、动态性、共享性、可变换性等特性。

在企业、学校和其他组织中,信息技术体系结构是一个为达成战略目标而采用和发展信息技术的综合结构,包括管理和技术的成分。其管理成分包括使命、职能与信息需求、系统配置和信息流程;技术成分包括用于实现管理体系结构的信息技术标准、规则等。由于计算机是信息管理的中心,计算机部门通常称为"信息技术部门"。有些公司称这个部门为"信息服务"(IS)或"管理信息服务"(MIS)。另一些企业选择外包信息技术部门,以获得更好的效益。

随着信息化在全球的快速进展,世界对信息的需求快速增长,信息技术已成为支撑当今经济活动和社会生活的基石。在这种情况下,信息产业成为世界各国,特别是发达国家竞相投资、重点发展的战略性产业部门。在过去的 10 年中,全世界信息设备制造业和服务业的增长率是相应的国民生产总值(GNP)增长率的 2 倍,成为带动经济增长的关键产业。

信息技术代表着当今先进生产力的发展方向,信息技术的广泛应用使信息的重要生产要素和战略资源的作用得以发挥,使人们能更高效地进行资源优化配置,从而推动传统产业不断升级,提高社会劳动生产率和社会运行效率。

随着信息资源的开发利用,人们的就业结构正从农业人口为主、工业人口为主向从事信息相关工作为主转变。在服务业中,绝大多数是从事与信息处理、信息服务有关的职业。

信息技术在全球的广泛使用,不仅深刻地影响着经济结构与经济效率,而且作为先进生产力的代表,对社会文化和精神文明产生着深刻的影响。

信息技术已引起传统教育方式发生着深刻变化。计算机仿真技术、多媒体技术、虚拟现实技术和远程教育技术以及信息载体的多样性,使学习者可以克服时空障碍,更加主动地安排自己的学习时间和进度。特别是借助互联网的远程教育,人们开辟出通达全球的知识传播通道,实现不同地区的学习者、传授者之间的互相对话和交流。这不仅大大提高教育的效率,而且给学习者提供一个宽松的内容丰富的学习环境。远程教育的发展在传统的教育领域引发一场革命,并促使人类知识水平的普遍提高。

2012 年,美国的顶尖大学陆续设立网络学习平台,在网上提供免费课程,Coursera、Udacity、edX 三大课程提供商的兴起,给更多学生提供了系统学习的可能,慕课(MOOC,大型开放式网络课程)问世。2013 年,MOOC 大规模进入亚洲。香港科技大学、北京大学、清华大学、香港中文大学等高校相继提供网络课程。

2019 年,教育部正式启动一流课程建设"双万计划",也就是我们说的"金课"建设计划。建设约 10000 门国家级一流课程和约 10000 门省级一流课程,包括具有高阶性、创新性、挑战度的线上、线下、线上线下混合式、虚拟仿真和社会实践各类型课程。具体任务是建设约 3000 门线上"金课"、约 7000 门线上线下混合式"金课"和线下"金课"、约 1000 门虚拟仿真"金课"、约 1000 门社会实践"金课"。

实施一流课程"双万计划",统筹规划国家级和省级一流课程培育与建设,打造具有高阶性、创新性、挑战度的"金课";大力发展慕课,建设线上"金课",推动优质课程资源广泛共享,为实施高等教育质量"变轨超车"奠定更为坚实的基础;认定一批国家虚拟仿真实验教学项目,打造虚拟仿真"金课"。从省级规划建设并取得改革成效的课程中,遴选基于慕课、小规模限制性在线课程(SPOC)等线上线下混合式"金课"以及线下"金课",推动信息技术与教育教学深度融合的课程改革和课堂革命。

基于一流课程"双万计划"的建设成果,未来教育理念与形态将发生巨大变化,基于微课的线上、线下混合式教学将逐渐成为主流教学模式,对未来教育产生深远的影响。

思考与练习

1.1.1 基于 PPT 融合线上资源开展的实体课堂教学属于线上、线下混合式教学模式中的线上环节还是线下环节?

1.2 什么是微课

微课是指运用信息技术按照认知规律,呈现碎片化学习内容、过程及扩展素材的结构化数字资源。

微课的核心组成内容是课堂教学视频(课例片段),同时还包含与该教学主题相关的教学设计、素材课件、教学反思、练习测试及学生反馈、教师点评等辅助性教学资源。它们以一定的组织关系和呈现方式共同营造了一个半结构化、主题式的资源单元应用"小环境"。因此,微课既有别于传统单一资源类型的教学课例、教学课件、教学设计、教学反思等教学资源,又是在其基础上继承和发展起来的一种新型教学资源。

教学视频是微课的核心组成内容。根据中小学生的认知特点和学习规律,微课的时长一般为3~8分钟,最长不宜超过10分钟。因此,相对于传统的40分钟或45分钟的一节课的教学课例来说,微课可以称为课例片段或微课例。

相对于较宽泛的传统课堂,微课的问题聚集,主题突出,更适合教师的需要:微课主要是为了突出课堂教学中某个学科知识点(如教学中重点、难点、疑点内容)的教学,或是反映课堂中某个教学环节、教学主题的教与学活动,相对于传统一节课要完成的复杂众多的教学内容,微课的内容更加精简,因此又可以称为微课堂。

从大小来说,微课视频及配套辅助资源的总容量一般在几十兆字节,视频格式须是支持网络在线播放的流媒体格式(如 MP4、rm、wmv、flv 等),师生可流畅地在线观看课例,查看教案、课件等辅助资源;也可灵活方便地将其下载保存到终端设备(如笔记本计算机、手机、MP4 等)上实现移动学习、泛在学习,非常适合教师的观摩、评课、反思和研究。

微课选取的教学内容一般要求主题突出、指向明确、相对完整。它以教学视频片段为主线统整教学设计(包括教案或学案)、课堂教学时使用到的多媒体素材和课件、教师课后的教学反思、学生的反馈意见及学科专家的文字点评等相关教学资源,构成了一个主题鲜明、类型多样、结构紧凑的"主题单元资源包",营造了一个真实的微教学资源环境。这使得微课资源具有视频教学案例的特征。广大教师和学生在这种真实的、具体的、典型案例化的教与学情景中易于实现隐性知识、默会知识等高阶思维能力的学习,并实现教学观念、技能、风格的模仿、迁移和提升,从而迅速提升教师的课堂教学水平,促进教师的专业成长,提高学生学业水平。就学校教育而言,微课不仅成为教师和学生的重要教育资源,而且构成了学校教育教学模式改革的基础。

微课主题突出、内容具体。一个微课一个主题,研究的问题来源于教育教学具体实践中的具体问题、生活思考或教学反思等。研究内容容易表达、研究成果容易转化;因为课程容量微小、用时简短,所以传播形式多样(网上视频、手机传播、微博讨论等)。

下面以本书作者建设的"电工电子技术"线上课程中的"什么是电路"知识点为例介绍一个实际微课的构成。教学视频如图 1-2-1 所示。

为帮助加深理解电路中的常识性概念,当视频播放至第 59 秒时,插入了一道选择题,具体如图 1-2-2 所示。

此外,该微课还提供了与教学视频对应的 PPT,针对该小节内容,设计了一个思考题,具体如图 1-2-3 所示。

微课反馈及时、针对性强,参加者能及时听到他人对自己教学行为的评价,获得反馈信息。较之常态的听课、评课活动,具有即时性。微课可实现人人参与,互相学习,互相

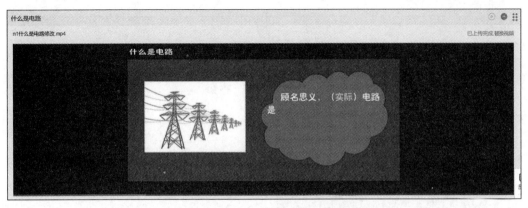

图 1-2-1　微课实例中的教学视频

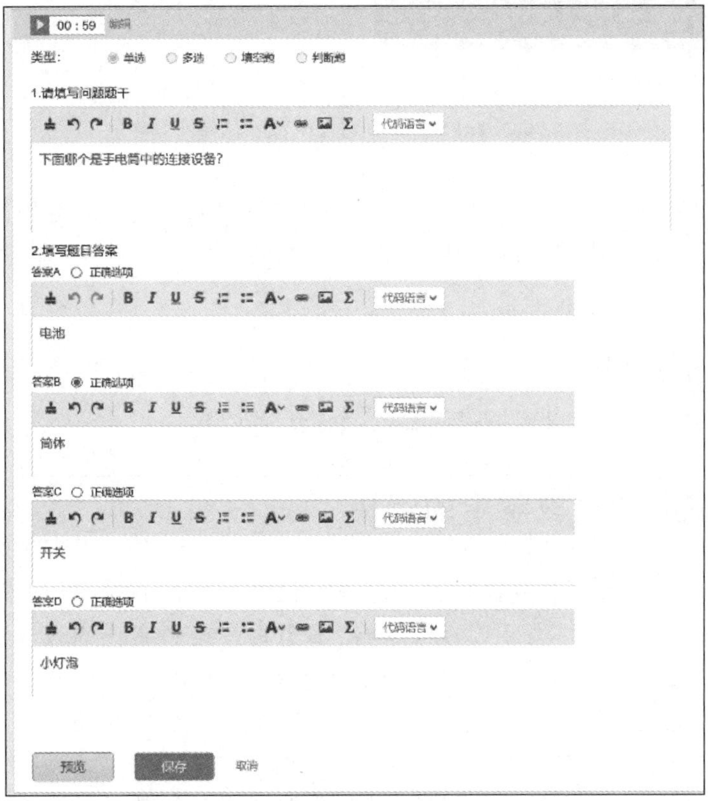

图 1-2-2　微课实例中的选择题

帮助,共同提高,在一定程度上减轻了教师的心理压力,不会担心教学的"失败",不会顾虑评价的"得罪人",较之常态的评课就会更加客观。

　　微课是现代教育教学改革研究的热点之一,是推进信息技术与教育的深度融合的有效手段。教育部教育管理信息中心特别开展了"基于微课的翻转课堂教学模式创新应用研究"的课题,探索了微课在课堂教与学创新应用中的有效模式和方法,挖掘和推广各地

图 1-2-3　微课实例中的思考题

区的典型案例和先进经验,推动了教育信息技术创新应用,促进了教育均衡发展。

微课建设是一流课程建设的重要内容之一,在线上、线下混合式教学模式中扮演着非常重要的角色。

📚 思考与练习

1.2.1 将本节内容设计成微课。描述你的教学设计。

1.3　微课在混合式教学中的运用

顾名思义,混合式教学是将各种教学模式有机结合开展教学,以增强教学效果。开展混合教学的最终目的不是去使用在线平台,不是去建设数字化的教学资源,也不是去开展花样翻新的教学活动,而是有效提升绝大部分学生学习的深度。

学习心理学也是一门科学,在学习方面也是有相对简洁的路径可走的,应该有相对稳定的规律。在学习心理学上对学习内容的分类是确定的,不像所想象的那样千变万化。不同类型的学习是存在科学规律的,对这些类型内容的教学也是存在规律的,所谓的"教无定法"只是表面形式上的问题,各种教学法在基本的逻辑上是非常确定的。当然,教师必须根据实际情况进行最优化的处理,努力依据学习和教学的规律去实现提升学生学习深度的目标。

伴随着微课、慕课等教学资源的丰富,混合式教学的高级形式是一种将在线教学和传统教学的优势结合起来的一种线上+线下的教学。通过两种教学组织形式的有机结合,可以把学习者的学习由浅到深地引向深度学习。

混合式教学应该具有以下特征：

（1）这种教学从外在表现形式上是采用线上和线下两种途径开展教学的；

（2）线上的教学不是整个教学活动的辅助或者锦上添花，而是教学的必备活动；

（3）线下的教学不是传统课堂教学活动的照搬，而是基于线上的前期学习成果而开展的更加深入的教学活动；

（4）混合式教学改革没有统一的模式，但是有统一的追求，那就是要充分发挥线上和线下两种教学的优势改造传统教学，改变在课堂教学过程中过分使用讲授方式而导致学生学习主动性不高、认知参与度不足、不同学生的学习结果差异过大等问题。

（5）混合式教学改革一定会重构传统课堂教学，因为这种教学把传统教学的时间和空间都进行了扩展，教和学不一定都要在同一时间、同一地点发生，在线教学平台的核心价值就是拓展了教和学的时间与空间。

在混合式教学模式的教学实践中，以微课为核心的线上课程是混合式教学实践开展的基础。下面以作者开设的"电路原理"课程混合式教学模式设计为例介绍微课在混合式教学中的运用。

该课程采用线上、线下相结合的教学模式开展教学，教学学时由线下学时、线上学时两部分组成。

线下学时以 2 学时为基础单元，基于线上课程的教学视频、学习 PPT 等微课资源，将基础知识的初步学习转移到课前，以克服学时数不足的困难。重新制作课堂教学 PPT，围绕微课视频中涉及的知识点，基于"雨课堂"平台由浅入深设计课堂习题，课堂教学过程中，教师对学生答题中的共性问题进行针对性指导。

线下学时教学模式如图 1-3-1 所示，主要环节如下：

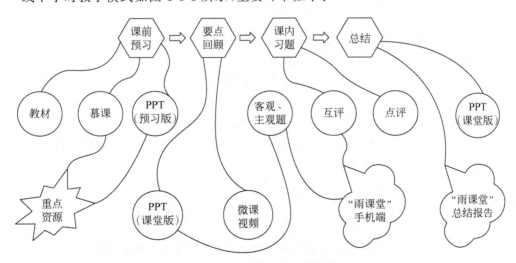

图 1-3-1　线下学时教学模式

（1）课前预习。上课前，学生可提前预习课堂教学中涉及的知识点的学习 PPT、教学视频，标记不易懂的知识点。

（2）要点回顾。课内播放微课视频，通过 PPT 简要总结基础知识，实现对课堂教学内容的要点回顾，时间控制在 30 分钟左右。

（3）课内习题。基于"雨课堂"平台设计课内习题，将概念辨析、验证性的习题客观化，并设计 2～3 道推理性的主观题。学生在手机端答题，答题结束后，学生在手机端互评其他同学的解答。教师可在课堂上匿名投屏学生的解答并进行针对性的评讲。

课内习题时间约为 70 分钟（含课间休息 10 分钟）。

（4）总结。包括教师课内 PPT 总结及下课后"雨课堂"平台反馈给每个学生的总结及反馈给教师的班级总结。

线上学时以 6 学时教学内容为基础单元，教学模式如图 1-3-2 所示，主要环节如下：

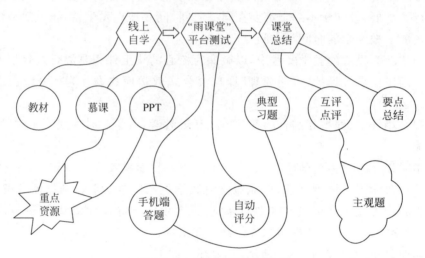

图 1-3-2　线上学时教学模式

（1）线上自学。线上学时不要求学生定时、定点学习。教师提前发布学习单元的学习 PPT、教学视频，学生安排时间线上自学。

（2）课堂测试。围绕教学内容，教师基于"雨课堂"平台设计主观题客观化的测试题，分上、下两次发布，学生在截止时间前完成测试。

学生可在 3～4 小时的时间内完成（1）、（2）两个教学环节。

（3）课堂总结。安排线下课堂总结 2 学时，加深对该基础单元的理解。线下总结包括要点总结、课内习题、学生互评、教师点评等环节。

习题

1. 根据你的理解，说明传统多媒体教学中的 PPT 与用于制作微课的 PPT 的异同。

2. 根据你的理解，说明线上、线下混合式教学模式中用于线下学时课堂教学的 PPT 与传统多媒体教学中的 PPT 的异同。

3. 写出关于本章内容的教学设计（按照线上、线下模式开展教学）。

第 **2** 章

微课PPT的设计与制作

PPT

视频

基于 PPT 的计算机多媒体教学实践大规模开展已近 20 年,基于 PPT 设计和制作微课,符合教师的传统教学习惯。PPT 是设计和制作微课的基石。

2.1 微课 PPT 与传统课堂 PPT 的区别

2012 年,慕课问世。慕课进入中国后,在教育领域引发了一场新的革命。各大高校均投入了大量的人力、物力,建设了大量的慕课课程。2016 年 6 月,重庆大学向作者资助 12 万元制作"数字电子技术"慕课,限于经费不足等诸多因素,作者开始了纯个人制作慕课的探索与实践。

作者经过一段时间的研究,确定使用 OFFICE MIX 结合其他工具软件制作慕课。然后进行了基于语音合成制作慕课的探索与实践,制作并上线了两门免费课程。之后又上线了本书配套的收费课程。

教学视频制作流程如图 2-1-1 所示。

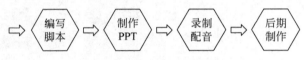

图 2-1-1　教学视频制作流程

第 1 步:编写脚本。

脚本类似电影的剧本,是微课制作的起点。因采用的是基于语音合成的方法制作微课,脚本将通过文语转换软件直接转换为语音,因此,脚本为对应配音的全部内容。

第 2 步:制作 PPT。

本书推荐使用 OFFICE MIX 为 PPT 录制配音,之后输出初始教学视频。因此,在录制微课配音前,应制作脚本对应的 PPT。

第 3 步:录制配音。

启动 PowerPoint,进入 OFFICE MIX,对照着 PPT,为每页 PPT 录制配音,输出初始教学视频。

第 4 步:后期制作。

可直接将初始视频用于教学。为提升视频的视觉效果,一般还使用其他工具软件对初始视频进行后期制作。

由制作流程可看出,PPT 是微课视频的基石,做好 PPT 是做好微课的基础。要做好微课的 PPT,首先应理解传统课堂 PPT 与微课 PPT 之间的差异。

下面以作者出版的《数字电子技术基础》中的【例 2.5.3】为例,介绍课堂 PPT 与微课 PPT 制作方面的差异。原题如下:

【例 2.5.3】写出函数 $Y(A,B,C,D) = \Sigma_m(0,1,2,4,5,8,10,11,15)$ 的最简与或式

若要制作上面例题的课堂教学 PPT,可在 PPT 中输入例题的原始内容。然后,在黑板上利用粉笔书写解题过程,通过互动解答学生对该题的疑惑。

也可附上该题求解过程中的两个关键图,具体如图 2-1-2 所示。

$CD \backslash AB$	00	01	11	10
00	1	1		1
01	1	1		
11			1	
10	1		1	1

(a)

$CD \backslash AB$	00	01	11	10
00	1	1		1
01				
11			1	
10	1		1	1

(b)

图 2-1-2　求解过程中的两个关键图

如果想将该题制作成微课,单纯为上面的课堂教学 PPT 录制配音后形成教学视频,教学效果欠佳。

究其原因,课堂教学中的幻灯片往往基于"温故而知新""举一反三""重要的事情说三遍"等思路设计,通过师生互动、黑板补充讲解等弥补幻灯片的不足。

微课 PPT 是慕课视频的基石,强调短小精悍,主要用于学生自学,无法借助黑板补充讲解等手段弥补幻灯片的不足,故应借助于现代教育手段更形象、更具体地阐述该知识点的基础知识及应用重点。

按照上面的思路,讲述"电子技术课程中半导体器件知识点中的本征半导体的本征激发"知识点时,课堂教学的 PPT 只放置一幅本征半导体的结构图即可开展教学,也可放置一幅本征激发后的结构图用于对照,具体如图 2-1-3 所示。

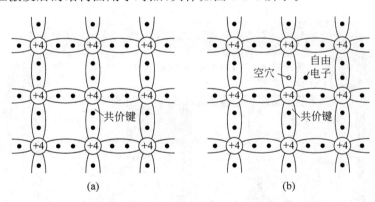

图 2-1-3　本征激发课堂教学 PPT 示例

微课主要用于学生自学,其 PPT 应更形象、更具体,学习者通过该 PPT 能基本学懂该知识点。因此,制作本征激发知识点的微课 PPT 时,应阐述本征激发的基础概念,展示本征激发的动态过程等。

关于本征激发知识点的 PPT 制作,将在后面的内容中逐步介绍。可扫描旁边的二维码浏览该知识点微课视频的具体效果。

视频

思考与练习

2.1.1　说明设计本节内容的课堂教学 PPT 与微课 PPT 二者的差异。

2.2　基于一张 PPT 阐述清楚一个知识小点的微课 PPT 设计

　　慕课是基于碎片化知识点进行教学重构后的课程,其片段视频、相关的课件、练习测试、反馈与点评等教学资源组合形成微课。可见,微课和慕课是两个不同的概念。

　　微课是构成慕课的基础。本书主要从技术层面探讨慕课制作过程中碎片化的片段视频的制作,如不另加说明,本书中的微课指慕课中的碎片化的片段视频。在后面的教学内容中,将不再刻意区分微课、慕课两个概念,读者学习本书时应注意二者的区别。

　　微课基于 PPT 合成制作,PPT 的教学效果将在很大程度上决定微课的教学效果。为确保 PPT 的教学效果,应努力使 PPT 更具体,更形象,确保学习者能通过该 PPT 基本学懂该知识单元。

　　可这样设计微课的 PPT:将推理过程关键步骤制作成 PPT 并在一页 PPT 上显示。本书把这种设计理念称为“基于一页 PPT 阐述清楚一个知识小点的微课 PPT 设计”。

　　我们可通过合理布局屏幕并结合 PPT 的其他设计技巧来保证 PPT 基本简洁。

　　可通过下面的两个 PPT 实例来进一步理解。

　　图 2-2-1 为一个 4∶3 宽高比格式的 PPT 实例,其屏幕布局思路如下:设置屏幕上、下两个文本框,用于阐述关键步骤或枝干信息等;中间的大部分区域用于核心内容讲解。

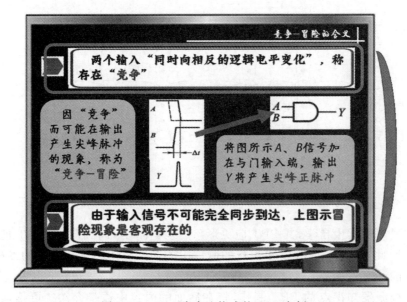

图 2-2-1　4∶3 宽高比格式的 PPT 实例

　　该 PPT 只有一页,结合实例阐述清楚了数字电子技术中“竞争——冒险”的概念,页面也比较简洁。

　　可扫描旁边的二维码浏览该 PPT 实例微课视频的具体效果。

图 2-2-2 为一个 16∶9 宽高比的 PPT 实例,其屏幕布局思路如下:右边白色挂板用于阐述关键步骤或枝干信息等;左边区域用于核心内容讲解。

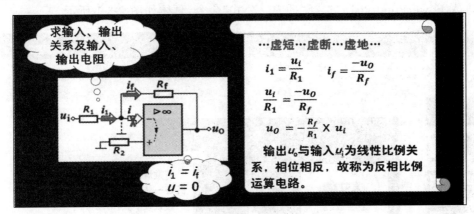

图 2-2-2 16∶9 宽高比的 PPT 实例

视频

可扫描旁边的二维码浏览该 PPT 实例微课视频的具体效果。

通过上面两个实例不难看出,基于一页 PPT 阐述清楚一个知识小点的微课 PPT 也可以保证 PPT 的基本简洁。当然,基于一页 PPT 阐述清楚一个知识小点只是一种设计理念,为便于修改更新,原始 PPT 并不一定只有一页,从视觉效果上看只有一页 PPT 就可以了。

思考与练习

2.2.1 用一页 PPT 阐述本节的教学内容。

2.3 微课 PPT 设计制作中的常用技巧

视频

2.2 节指出,为使微课 PPT 更具体,确保学习者能通过 PPT 基本学懂该知识单元,建议将推理过程关键步骤制作成 PPT,并在一页 PPT 上显示。具体制作时,建议使用 PowerPoint 2016 或以上版本制作 PPT。

本节主要从"基于一页 PPT 阐述清楚一个知识小点"这一理念出发,阐述保证 PPT 基本简洁及增强 PPT 教学效果的一些个人体会。

1. 使用 PowerPoint 2016 或以上版本

本课程介绍的慕课制作方法主要基于 OFFICE MIX 插件展开,OFFICE MIX 插件必须在 PowerPoint 2013 或以上版本上安装。因此,具体制作 PPT 时,应安装 OFFICE 2013 或以上版本。PowerPoint 2016 具有墨迹公式功能,可手写输入公式,PowerPoint 会自动识别并将其转换为文本,处理公式非常方便,因此,建议使用 PowerPoint 2016 或以上版本制作 PPT。

2. 使用墨迹公式处理公式

进入 PowerPoint 2016,选择"插入→公式"命令,具体如图 2-3-1 所示。

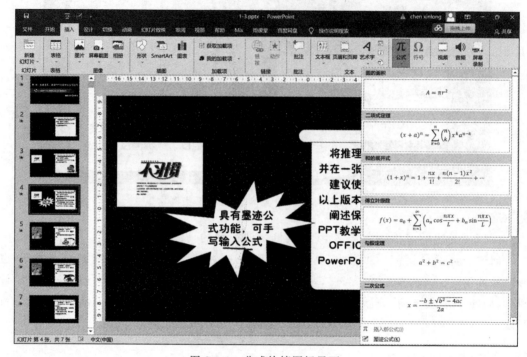

图 2-3-1 公式快捷图标界面

选择最下方的"墨迹公式"快捷菜单项,进入"数学输入控件"面板,具体如图 2-3-2 所示。

"数学输入控件"面板最上方为标题栏;标题栏下方的上半部分为写入数学表达式预览区,下方为数学表达式的写入区;数学表达式写入区的下方有 4 个数学输入控件快捷图标,最下方有"插入""取消"2 个按钮。

图示状态下,"写入"快捷图标有效,控件处于"公式写入"状态,移动光标至数学表达式写入区,光标将由↖变成●,如图 2-3-3 所示。

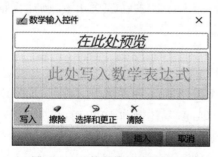

图 2-3-2 "数学输入控件"面板

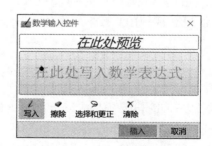

图 2-3-3 写入时的光标

此时,可按住鼠标左键,直接写入需要输入的数学表达式。若要写入 $a^2+b^2=c$,则可直接利用鼠标写入公式,如图 2-3-4 所示。

可选择其他快捷图标修改写入的表达式。确认无误后,单击"插入"按钮,PowerPoint 将自动识别,并将其转换为表达式。

之后可单击表达式,设置表达式中字体的大小,还可进一步添加动画。

PowerPoint 2016 的墨迹公式功能可有效地解决慕课制作过程中的表达式处理及其应用问题。

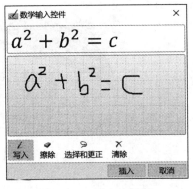

图 2-3-4　写入表达式

3. 美化 PPT

打开浏览器,搜索"PPT 美化大师",下载"PPT 美化大师"并安装,之后再次进入 PowerPoint,可以看到,菜单栏多了一个"美化大师"菜单,如图 2-3-5 所示。

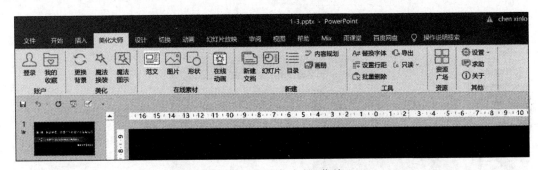

图 2-3-5　"美化大师"菜单

进入"美化大师"菜单,选择相应的快捷图标,如单击"魔法换装"快捷图标,可快速更换模板,制作出非常专业的 PPT。

4. PPT 的简洁及效果增强的技巧

下面继续介绍在基于一页 PPT 阐述清楚一个知识小点的设计理念下,如何保证 PPT 基本简洁及增强 PPT 教学效果。

从配套视频的 3 分 40 秒开始,出现了一幅"为难"的图片,如图 2-3-6(a)所示。之后,出现了"体育老师教高数"图片,如图 2-3-6(b)所示。"为难"图片消失了。

在一页 PPT 中实现这个效果的步骤如下:

进入 PowerPoint,查看原始 PPT。

选中"为难"图片,打开动画窗格,展开窗格中该图片的效果,如图 2-3-7 所示。

打开效果选项窗格,如图 2-3-8 所示。

当前"动画播放后"的效果为"下次单击后隐藏"。因此,当单击出现"体育老师教高数"图片时,"为难"图片将消失。如果将"动画播放后"的效果修改为"不变暗",则两个图

(a)"为难"图片   (b)"体育老师教高数"图片

图 2-3-6   两幅示例图片

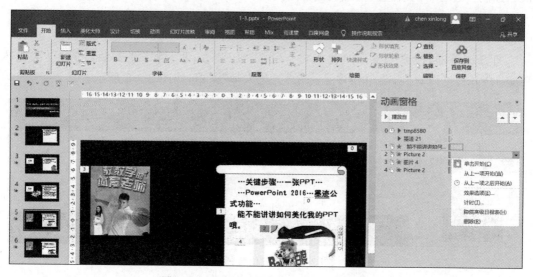

图 2-3-7   "为难"图片的动画窗格界面 1

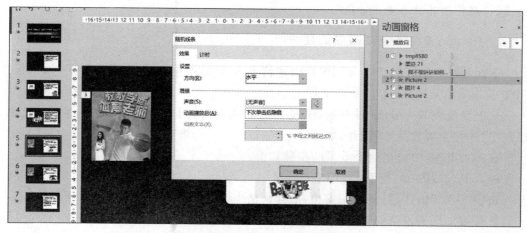

图 2-3-8   "为难"图片的动画窗格界面 2

片将同时存在。

利用"下次单击后隐藏"的效果,可在增强视频感染力的同时保证 PPT 的简洁。

类似地,还可以通过设置动作路径实现更具感染力的动画效果。从本节配套视频的 6 分 10 秒处开始,正弦函数的幅值 I_m 从函数处移动到下方,如图 2-3-9 所示。这便是利用动作路径制作的一个 PPT 效果。

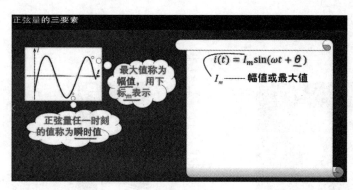

图 2-3-9　动作路径制作的 PPT 效果

该效果可通过设置 PPT 元素的动作路径实现:

进入 PowerPoint 2016,选中"体育老师教高数"的图片,单击"动画"菜单,展开"添加动画"选择窗格,如图 2-3-10 所示。

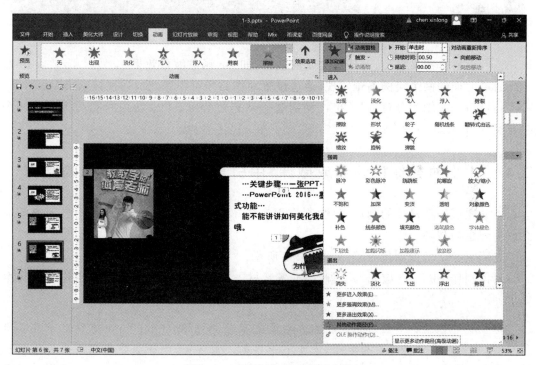

图 2-3-10　"添加动画"选择窗格

选择"其他动作路径",进入"其他动作路径"设置界面,如图 2-3-11 所示,尝试观看几种不同的路径动画效果。

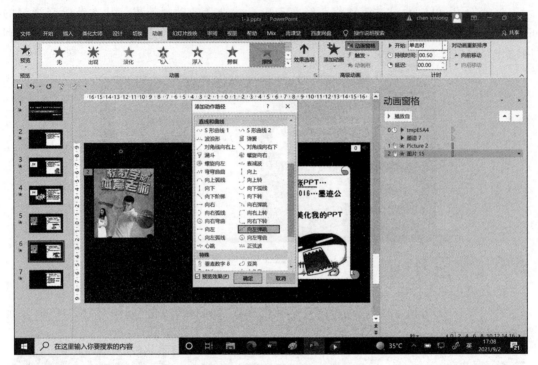

图 2-3-11 "其他动作路径"设置

也可设置自定义路径,实现更复杂的效果,如 sin 函数波形效果。

通过上面的两个实例不难发现,通过设置动作路径可很好地增强视频感染力。

还可将一幅图片分解,展示出产品组装等动态过程,PPT 中动图的实现将作为一个综合实例,在 2.4 节中介绍。

视频

2.4 "4 小时教你快速合成微课"中引言的本征激发效果的制作

下面通过一个具体的制作实例"制作引言中本征激发效果的 PPT"进一步理解前面介绍的理念与技巧。

先回顾一下慕课制作流程,如图 2-1-1 所示。

具体制作 PPT 前,应先编写脚本、准备素材。本征激发效果片段的原始纯文字脚本如下:

本征半导体结构如图所示。在热力学温度零开(-273.16℃)时,所有价电子被共价键束缚,本征半导体没有自由电子,因此不能导电。常温下,本征半导体中的少量价电子可能获得足够的能量,摆脱共价键的束缚,成为自由电子,这种现象称为本征激发。少量的价电子成为自由电子后,同时在原来的共价键中留下一个空位,称为"空穴"。

准备素材图片两幅。本征激发前的本征半导体结构图和本征激发后的本征半导体图片各一幅,具体如图 2-4-1 所示。

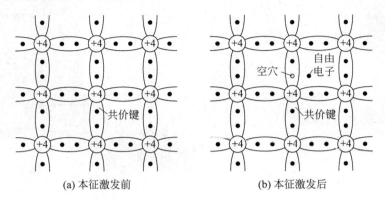

(a) 本征激发前　　　　　　　　(b) 本征激发后

图 2-4-1　素材图片两幅

当然,单纯为了讲课,可将这些脚本全部复制到 PPT 中,该片段的 PPT 也可理解为已经制作完成,内容还非常具体,包括脚本中的全部文字。

为增强课堂教学效果,可如下修改 PPT:

放置一个标题:什么是本征激发?

放置一幅本征激发前的本征半导体结构图,再放置一幅本征激发后的本征半导体结构图。教师上课时结合这两幅图讲解即可,如图 2-4-2 所示。

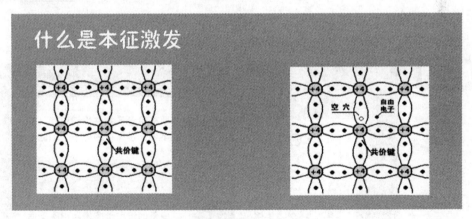

图 2-4-2　课堂教学的 PPT 效果 1

然后,可以对幻灯片进行美化。选择菜单栏中的“美化大师”,单击“魔法换装”快捷图标,系统将快速为幻灯片添加背景。可多次单击“魔法换装”快捷图标,选择喜欢的背景。根据选择的背景,适当调整幻灯片中的各元素即可。

利用“美化大师”的“魔法换装”功能制作的 PPT 的参考效果如图 2-4-3 所示。

慕课 PPT 应更具体、更形象,应将脚本中文字的核心内容嵌入 PPT 中。

为增强教学效果,可将脚本文字的核心内容制作成与声音播报同步的字幕。

如将“本征半导体没有自由电子、本征激发的概念、空穴的概念”等制作成同步字幕。

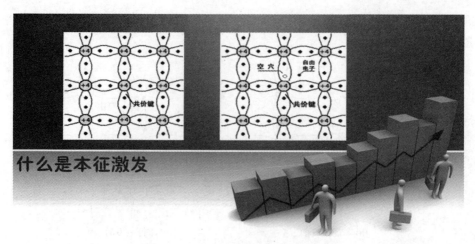

图 2-4-3　课堂教学的 PPT 效果 2

下面进入 PowerPoint 2016,具体展示同步字幕的制作过程:

　　首先将用于制作同步字幕的文字输入到文本框中。选择要设置为同步字幕的文字。选择菜单栏中的"动画",单击"出现"快捷图标,设置文字的动画效果为"出现",如图 2-4-4 所示。

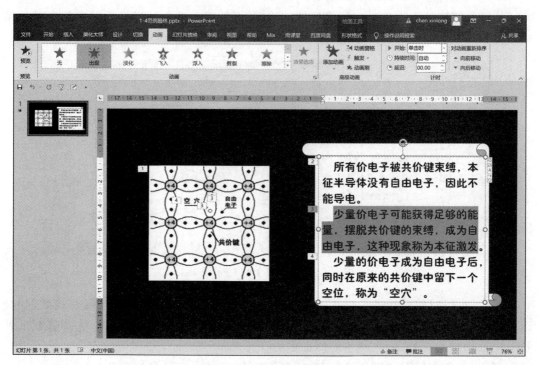

图 2-4-4　同步字幕制作 1

　　单击"动画窗格"快捷图标打开动画窗格,展开动画的设置菜单,选择效果选项,设置文本动画为"按字母顺序",设置延迟秒数,如图 2-4-5 所示。

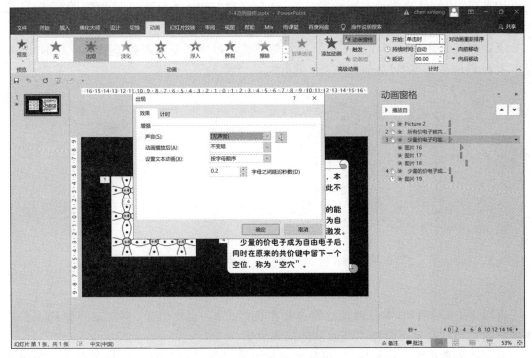

图 2-4-5　同步字幕制作 2

可按照这个方法进一步制作其他文字的同步字幕,之后放置本征激发前、后的两幅结构图并设置动画效果,按照逻辑关系调整动画顺序,如图 2-4-6 所示。

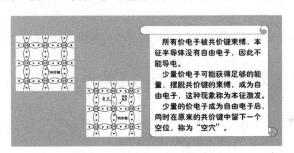

图 2-4-6　课堂教学的 PPT 效果 3

为了追求更形象的效果,可用动画展示"摆脱共价键的束缚,成为自由电子"的本征激发过程。

网络上流行的卡通点赞表情包主要由如图 2-4-7 所示的两幅图片组成。

图 2-4-7(a)竖起右大拇指,抬起右脚。图 2-4-7(b)竖起左大拇指,抬起左脚。将这样的两幅图片按照一定的时间间隔自动重复播放,便实现了卡通点赞表情包。

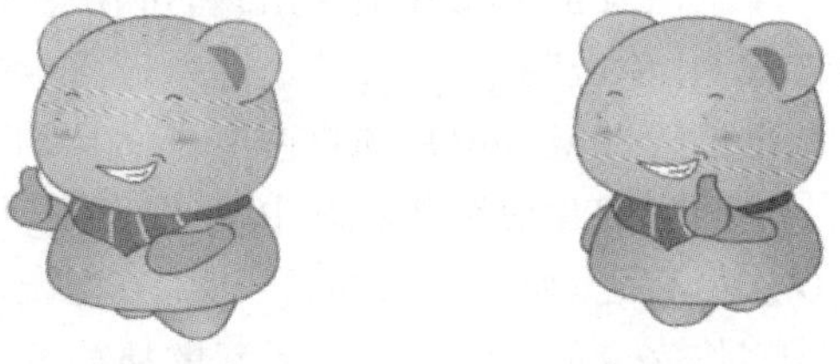

(a) 竖右大拇指　　　　　(b) 竖左大拇指

图 2-4-7　构成卡通点赞表情包的两幅图片

因此,要用幻灯片演示本征激发过程,首先应找出构成本征激发过程的多幅图片,之后利用幻灯片的动画效果让这些图像动起来。

下面具体阐述如何制作本征激发过程的动画。由本征激发过程的动画不难看出,本征激发过程包括三幅图片,如图 2-4-8 所示。

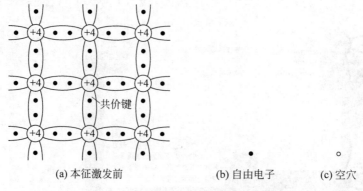

    (a) 本征激发前   (b) 自由电子   (c) 空穴

图 2-4-8　构成本征激发过程动画的三幅图片

由图 2-4-8 可看出,本征激发过程包括本征激发前、自由电子、空穴三幅图片。只要准备好这三幅图片就可制作本征激发的动态效果。

本征激发前的图片已经有了,可从本征激发后的图片中抠取自由电子和空穴两幅图片用于制作。

选择某个大图片中的部分区域有很多方法,PhotoShop 等图像处理软件具有强大的功能,可更快速地选择图片中的部分区域。对于本应用要求,也可使用 Windows 系统自带的"画图"程序实现。

下面通过 Windows 系统的"画图",演示如何抠取自由电子和空穴两幅图片用于制作。

用"画图"打开本征激发后的图片,选择"选择"快捷图标,选择空穴的图像块,如图 2-4-9 所示。

按 Ctrl+C 复制图像数据,另外打开一个"画图"应用,粘贴数据并保存。按照这个方法继续复制自由电子的图像数据并保存。

准备好图片后,可在 PPT 中让图像动起来。下面进入 PowerPoint 2016,具体设置这三幅图片的动画。

本征激发前的图片最早出现,可设置本征激发前的图的动画效果为"劈裂",播放开始方式为"单击"。

继续设置空穴图片和自由电子图片的动画效果。

这两幅图片应跟随脚本中"……摆脱共价键的束缚,成为自由电子……"的文字同步出现。换言之,如上所示的同步文字、两幅图片应为一个整体。

制作完成的 PPT 中,各元素的播放顺序如图 2-4-10 所示。

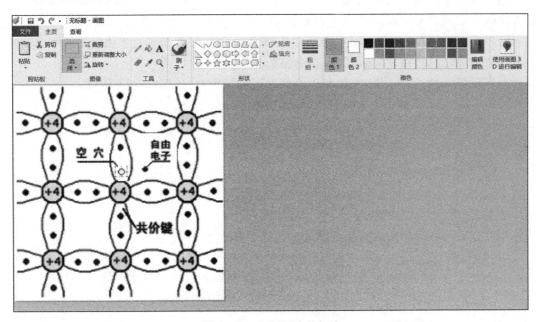

图 2-4-9　空穴图片的抠取

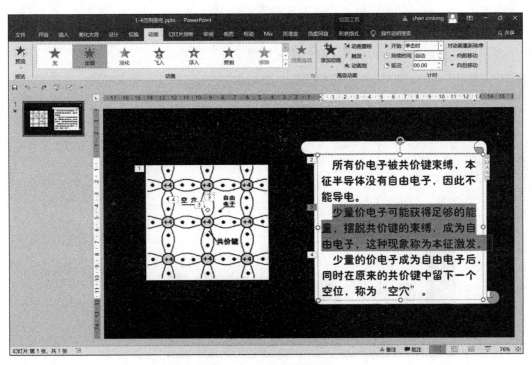

图 2-4-10　动画播放顺序

本征激发前的图片动画效果第一个播放。该图片的初步文字解释第二个播放。本征激发概念的同步文字效果第三个播放。空穴图片和自由电子图片的动画效果与同步文字同步播放,播放顺序也为第三个。空穴概念的文字解释第四个播放,图片中的配套标注与文字解释同步播放,播放顺序也为第四个。

为展示更好的动画效果,实际制作时抠取了四幅图片,如图 2-4-11 所示。

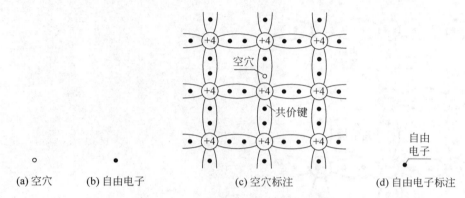

图 2-4-11　本征激发过程动画中的图片

图 2-4-11(a)、2-4-11(b)、2-4-11(d)与本征激发的概念的同步文字效果同步播放,播放顺序均为第三个。

图 2-4-11(a)最早出现,用于遮住本征激发前的自由电子。

根据同步文字的播放进度,可设置空穴图片的动画效果为"出现",开始方式为"与上一动画同时",动画延迟设为 3 秒,参考设置如图 2-4-12 所示。

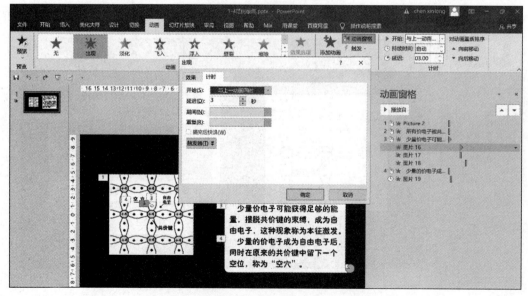

图 2-4-12　动图实现 PPT 设置 1

之后，自由电子将"……摆脱共价键的束缚，成为自由电子……"。可设置自由电子图片的动画效果为"切入"，进一步设置效果选项为"自左侧"，具体如图 2-4-13 所示。

图 2-4-13　动图实现 PPT 设置 2

进一步设置自由电子图片的动画效果的动画延迟，该动画与空穴图片同时进行，动画延迟也设为 3 秒，如图 2-4-14 所示。

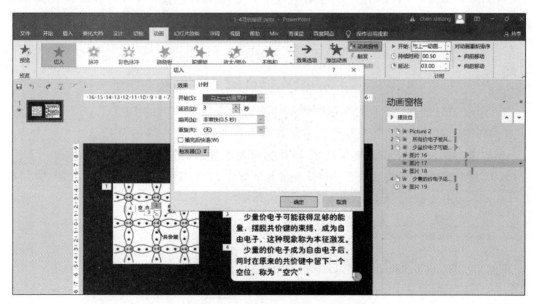

图 2-4-14　动图实现 PPT 设置 3

图 2-4-11(d)所示的自由电子图片的文字标注应与同步文字"……成为自由电子……"同步出现。可设置该图片的动画效果为"棋盘"，动画延迟为 4.5 秒，如图 2-4-15 所示。

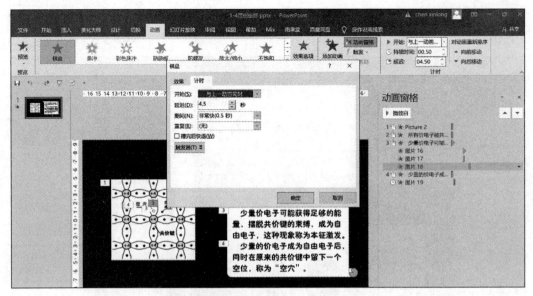

图 2-4-15　动图实现 PPT 设置 4

　　进一步设置图 2-4-11(c)所示的空穴图片的文字标注,完成 PPT 片段的制作。可扫码下载该片段的 PPT 范例。

　　上面介绍了引言中本征激发效果片段 PPT 的制作。通过将一幅图片分解,获取构成动画的多幅图片,并利用幻灯片的动画效果让这些图片动起来,可有效增强视频的感染力。

习题

　　1. 利用如图 2-4-1 所示的两幅图片制作本征激发效果片段的 PPT。

　　2. 利用动图、同步字幕等制作技术制作下面的教学案例片段的 PPT。

　　该教学案例片段的原始脚本如下,涉及的原始图片素材如图 2-1 所示。

　　如图所示运放电路的两个输入端(图 2-1 中的＋、—)之间的电压几乎等于零,如同将该两点短路一样。但是该两点实际上并未真正被短路,只是表面上似乎短路,也就是虚假的短路,故将这种现象称为"虚短"。

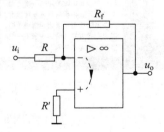

图 2-1　习题 2 的图

3. 利用动图、同步字幕等制作技术制作下面的教学案例片段的 PPT。
该教学案例片段的原始脚本如下,涉及的原始图片素材如图 2-2 所示。

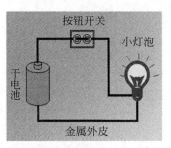

图 2-2　习题 3 的图

根据刚才的讲解,左图所示手电筒不是电路。

什么? 这个手电筒不是电路? 灯还亮着呢! 我去按一下按钮,看灯会不会灭。不好,灯灭了。

这个同学太调皮了,开关旁边的同学把灯开一下。谢谢!

第 3 章

利用 OFFICE MIX 录制微课视频

PPT

快速制作视频,最便捷的办法是直接给微课 PPT 配音并将 PPT 转换为视频,可利用 OFFICE MIX 给微课 PPT 配音,从而实现快速录制微课视频。

3.1 OFFICE MIX 简介

OFFICE MIX 是微软公司 Office 套件新增的一款面向教育市场的在线服务,目的是用 PowerPoint,以更简单的方式去创建一个在线的课程或演示文稿,为复杂和昂贵的在线课程制作提供一个简单的实现方案。

OFFICE MIX 可将传统 PowerPoint 幻灯片演示转换为互动式教学模式,支持的在线教学资源形式有视频、音频、屏幕截图、墨迹、旁白、投票、测验等。微软将这些在线的、可交互的演示文稿称为“Mixes”。

借助 MIX 产品,用户可以将传统 PPT 演示幻灯片转换为互动式在线课程或者演示。该产品内置组件支持用户录制音频、视频以及手写画笔,用户也可以插入互动元素,例如 quizz、CK12 exercises。整个流程中,用户只需一款简单的屏幕捕获工具,就可以实现以上功能。

OFFICE MIX 非常适合在线教育,它提供的在线服务支持所有内容上传到云服务器,教师可以进行远程教学。只要教师将创建的 OFFICE MIX 链接发给学生,学生就可以使用任何设备对文档进行浏览和编辑。学生阅读文档之后,教师通过 OFFICE MIX 统计服务,就可以知道谁学了、学到哪儿了,以及查看测验成绩。

Office 的 Mixes 功能通过 OFFICE MIX 插件来实现。OFFICE MIX 插件正是一款制作 Mixes 的工具。

在开始使用 OFFICE MIX 前,需要先确保计算机上已经安装 PowerPoint 2013 SP1 以上版本,之后下载并安装 OFFICE MIX 插件。安装成功后,OFFICE MIX 插件会为 PowerPoint 增加 MIX 菜单,包括幻灯片录制、测验、屏幕录制、截屏、预览、导出、上传等功能。

Mix 菜单的各快捷图标如图 3-1-1 所示。

视频

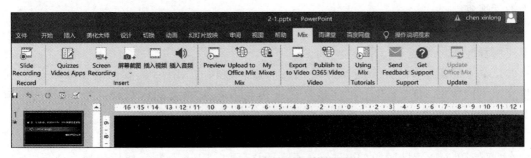

图 3-1-1 Mix 菜单的各快捷图标

Slide Recording 为幻灯片录制图标,单击该图标将自动进入录制界面,可为 PPT 录制同步语音及视频讲解,是使用最多的一个图标。

Slide Recording 图标旁边的 5 个图标构成 Insert（插入元素）面板，可为待录制的 PPT 插入测验、计算机录屏、屏幕截图、视频、声音等资源素材。

Quizzes Videos Apps 为 OFFICE MIX 的"测验"快捷图标，为制作小测验的 App，通过该 App 可以给学员出题。

单击 Quizzes Videos Apps 图标，将弹出"实验室 Office 加载项"对话框，如图 3-1-2 所示。

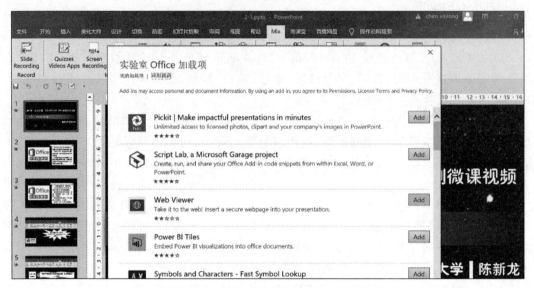

图 3-1-2 "实验室 Office 加载项"对话框

可选择需要的组件，添加相关应用。

OFFICE MIX"测验"的实现需要微软远程服务器的支持，有兴趣的读者可参阅相关资料，进一步了解 Quizzes Videos Apps 的运用方法。

Screen Recording 图标的作用是录制计算机的屏幕。计算机录屏结果是动态视频，记录的是计算机屏幕的操作过程及配音。单击该图标，可将计算机屏幕的操作过程录制为教学视频。

"屏幕截图"图标的作用是截取计算机的屏幕，屏幕截图结果是静止图像，为计算机中应用程序的屏幕显示结果。

Insert 面板旁边的 3 个图标构成 Mix 面板。微软的 Mixes 需要网络服务器支持，可将利用 OFFICE MIX 制作好的演示文稿上传到 Mixes 相关的网络服务器，从而实现互动式教学。

国内的各大慕课平台功能非常完备，一般使用国内的慕课平台开展互动式教学，因此，主要使用 MIX 面板中的 Preview（预览）图标预览 PPT 录制完成后的最终效果。

另一个常用的快捷图标是 Video 面板中的 Export to Video（导出视频）图标，单击该图标可将录制完成后的 PPT 转换为最终视频。

Video 面板旁边的 4 个快捷图标分别为 Using Mix、Send Feedback、Get Support、

Update Office Mix 图标。

了解了 OFFICE MIX 的功能图标之后,读者可能觉得,OFFICE MIX 的功能全面,还有测验图标,可以制作测验。

注意,OFFICE MIX 的"测验"等图标需要相关的网络服务器支持,考虑到国外公司网络服务器支持方面的诸多不便,一般使用国内的慕课平台开展互动式教学,建议读者使用国内慕课平台推出的教学辅助工具实现移动端的在线测验、课堂测验等。

对于 OFFICE MIX 的进一步应用,将在后面的内容中介绍。

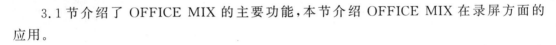

思考与练习

3.1.1 说明计算机录屏、屏幕截图二者的差异。

3.2 利用 OFFICE MIX 录屏

视频

3.1 节介绍了 OFFICE MIX 的主要功能,本节介绍 OFFICE MIX 在录屏方面的应用。

3.2.1 录屏、截屏的输出文件格式

顾名思义,录屏即记录屏幕,是计算机、手机的基本应用之一,也是制作微课的基础应用之一。

在 MIX 菜单的 Insert 面板中,有 Screen Recording、"屏幕截图"两个快捷图标用于录屏。

单击 Screen Recording 图标,可将应用程序操作过程的屏幕输出结果及配音讲解等以 MP4 格式记录为视频。录屏是微课制作的基本技能之一。

下面先简要介绍 MP4 视频格式。

众所周知,计算机只认识"0""1"两个数码。常规模式下,这样的一串"0""1"序列代表着某个数值。当用这样的一串"0""1"序列表示非数值数据时,需要按照规范进行特殊的声明,MP4 视频格式便是众多视频格式中的一种。

MPEG-4(MP4)是一套用于音频、视频信息的压缩编码标准,由国际标准化组织(ISO)和国际电工委员会(IEC)下属的"动态图像专家组"(MPEG)制定,第一版于 1998 年 10 月通过,第二版于 1999 年 12 月通过。

MPEG-4 包含了 MPEG-1 及 MPEG-2 的绝大部分功能及其他格式的优点,并加入了对虚拟现实模型语言(VRML)、面向对象的合成档案(包括音效、视讯及 VRML 对象)的支持,以及数字版权管理(DRM)及其他互动功能。MPEG-4 比 MPEG-2 更先进的特点之一,就是不再使用宏区块影像分析,而是以影像上的个体为变化记录,因此尽管影像变化速度很快,在码率不足时也不会出现方块画面。

MPEG-4 格式主要应用于网上传播、光盘、语音发送(视频电话)及电视广播等。

也可单击"屏幕截图"图标,将应用程序的屏幕输出结果以图像形式记录。

图像也有各种不同的格式,如 PNG、JPG 等。本书中的素材主要是这两种格式。

PNG 是一种采用无损压缩算法的位图格式,其设计目的是替代 GIF 和 TIFF 文件格式,同时增加一些 GIF 文件格式所不具备的特性。PNG 使用从 LZ77 派生的无损数据压缩算法,一般应用于 JAVA 程序、网页或 S60 程序中,原因是它压缩比高,生成文件体积小。

JPEG(联合图像专家组)是一种用于连续色调静态图像压缩的标准,文件后缀名为.jpg 或.jpeg。JPG 图像格式是 JPEG 标准的产物,该标准由 ISO 制订,是最常用的图像文件格式。

JPG 图像格式主要采用预测编码(DPCM)、离散余弦变换(DCT)以及熵编码的联合编码方式,去除冗余的图像和彩色数据,属于有损压缩格式。它能够将图像压缩在很小的存储空间,在一定程度上会造成图像数据的损伤。尤其是使用过高的压缩比例,将使最终解压缩后恢复的图像质量降低,若追求高品质图像,则不宜采用过高的压缩比。

3.2.2　利用 OFFICE MIX 截屏

截屏是微课制作的基本技能之一。例如,第 4 章将介绍手绘软件 Easy Sketch Pro 在微课制作方面的应用。要介绍该软件,就必须介绍其菜单,现截取该软件的菜单进行介绍。

下面具体介绍如何截图该软件的菜单:

打开本节配套 PPT,启动 Easy Sketch Pro 等应用程序。进入 PowerPoint,单击 Mix 菜单的"屏幕截图"图标,将在快捷图标下方显示当前可被截取屏幕的视窗,如图 3-2-1 所示。

图 3-2-1 中显示,有两个应用程序的视窗可被截取屏幕。

将光标指向左边的视窗,如图 3-2-2 所示。图中显示,该视窗为文件名为"脚本"的 Word 文档的视窗。单击该应用程序的视窗,将截取该应用程序的屏幕输出结果。

右边的视窗为手绘软件 Easy Sketch Pro 的视窗。

读者可能有疑问,只出现了这两个应用程序的视窗,启动的 PowerPoint 的视窗怎么没有了?

当单击 Mix 菜单的"屏幕截图"图标时,系统将隐藏当前 PPT 窗口,显示当前可被截取的、活动的其他应用程序视窗。图 3-2-1 和图 3-2-2 显示,系统当前的活动视窗有文件名为"脚本"的 Word 视窗和 Easy Sketch Pro 的视窗。

要截取的是 Easy Sketch Pro 的部分菜单,不可直接单击 Easy Sketch Pro 的视窗获得截取结果。可选择"可用的视窗"下方的"屏幕剪辑"截取该应用程序的部分屏幕输出结果。

图 3-2-1　当前可被截取屏幕的视窗

图 3-2-2　视窗提示

如果要截取 PowerPoint 的视窗,可在打开本节配套 PPT 后,再打开另一个 PPT。在该 PPT 视频中,单击 Mix 菜单的"屏幕截图"图标,如图 3-2-3 所示,图中就有三个可被截图的活动视窗。

图 3-2-3　三个可被截图的活动视窗

根据上面的论述可知,OFFICE MIX 只可截取活动视窗的屏幕,当想截取非活动视窗时,应先将该应用程序激活。

当 Easy Sketch Pro 处于非活动状态时,可在任务栏单击 Easy Sketch Pro,激活 Easy Sketch Pro 窗口;在任务栏单击 PowerPoint,将活动窗口切换到 PowerPoint,单击"屏幕截图"图标,选中"可用的视窗"下方的"屏幕剪辑",系统将隐藏 PowerPoint 窗口,进入 Easy Sketch Pro 窗口。

移动光标,光标将变为"＋",可被截图的屏幕区域变成浅色,如图 3-2-4 所示。

移动鼠标,选择要截取的区域,之后松开鼠标,已截图的部分屏幕将出现在 PPT 中。

3.2.3　利用 OFFICE MIX 录屏

介绍完屏幕截取的方法之后,下面介绍屏幕录制的方法。

单击"屏幕录制"图标,OFFICE MIX 将隐藏 PowerPoint 窗口,自动切换到最近一次激活的应用程序窗口,并在屏幕上方显示用于屏幕录制的任务面板,如图 3-2-5 所示。

最左边的图标为"录制"图标,该图标颜色默认为灰色,代表不可使用的状态。

"录制"图标右边的图标为"停止"图标,该图标颜色默认为灰色,代表不可使用。

图 3-2-4　可被截图的屏幕区域

图 3-2-5　用于屏幕录制的任务面板

"停止"图标右边的图标为"选择区域"图标,该图标可以使用。

"选择区域"图标右边的两个图标为录制音频开关图标和录制指针开关图标,图 3-2-5 中,两个图标均被选中,表示在录制应用程序屏幕输出结果的同时,录制应用程序及麦克风外部音源声音,同时记录光标指针。

单击图标可关闭该选项,单击"音频"图标后,"音频"图标的灰色背景变为白色,表示在录制应用程序屏幕输出结果时不录制声音。

屏幕录制的步骤如下:

(1) 在 Mix 菜单中单击 Screen Recording 图标。

（2）单击如图 3-2-5 所示"选择区域"图标并选择录制区域，"录制"图标将被激活（变为红色），如图 3-2-6 所示。

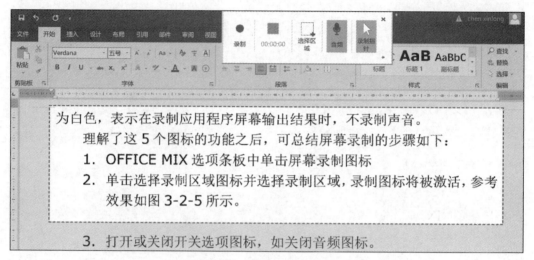

图 3-2-6　"录制"图标被激活

（3）打开或关闭开关选项图标，如关闭"音频"图标。

（4）单击"录制"图标，"录制"图标将变为"暂停"图标，"停止"图标被激活（变为红色），如图 3-2-7 所示。

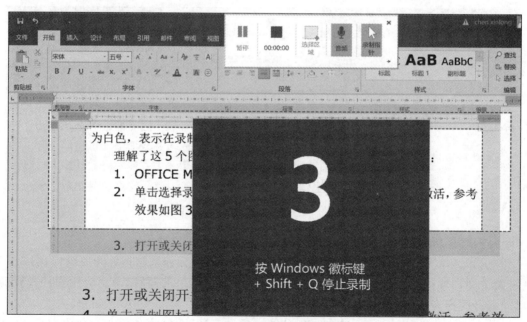

图 3-2-7　"停止"图标被激活

（5）OFFICE MIX 进入 3 秒录制倒计时，同时隐藏用于屏幕录制的任务面板。

（6）倒计时结束后，开始录制应用程序的屏幕输出结果。

可将光标移到屏幕最上方,弹出先前隐藏的用于屏幕录制的任务面板,单击相应图标暂停或停止录制。

单击"暂停"图标后,OFFICE MIX 将暂停录制,"暂停"图标恢复为"录制"图标,之后还可单击"录制"图标继续录制。可单击"停止"图标完成本次录制,录制的视频将自动插入 PPT 中。

思考与练习

3.2.1 用 OFFICE MIX 截取 OFFICE MIX 菜单。

3.2.2 用 OFFICE MIX 录制一段截取 OFFICE MIX 的菜单的教学视频。

3.3 利用 OFFICE MIX 为 PPT 录制语音(或视频)旁白讲解

视频

OFFICE MIX 可为每页 PPT 设置动画播放计时,录制墨迹、语音或视频旁白讲解。语音或视频旁白结合播放计时,可实现在播放 PPT 的同时,同步播放语音或视频旁白讲解。

旁白是一个汉语词语,原意指戏剧角色背着台上其他剧中人对观众说的话,也指影视片中的解说词。说话者不出现在画面上,但直接以语言来介绍影片内容、交代剧情或发表评论。

PowerPoint 引入旁白,用于对 PPT 元素的补充讲解,主要有语音旁白、视频旁白两种类型。

基于语音旁白、视频旁白等素材,OFFICE MIX 可将录制完成的 PPT 导出为视频,从而初步完成微课视频的制作。

下面具体学习利用 OFFICE MIX 为 PPT 录制语音或视频旁白的方法。

选择 MIX|Slide Recording 菜单命令,进入录制界面,如图 3-3-1 所示。

最上方的 9 个快捷图标为旁白录制的控制编辑快捷图标区,将在后面详细讲解。

快捷图标区下方的大面积区域,为 PPT 播放区。当为 PPT 录制旁白时,可单击空格键播放 PPT,还可用鼠标在 PPT 播放区的合适位置书写墨迹,以增强 PPT 的演示效果。

右下角为墨迹笔型及颜色设置区。可设置用于书写墨迹的笔的型号及颜色。图中设置为黑色、中号笔。本书配套视频录制时,设置的笔的颜色为红色,参考效果如图 3-3-2 所示。

因此,大家浏览本书视频时,在屏幕上看到的是红色的墨迹。

屏幕右上方的两个图标为"窗口控制"图标,包括 Full Screen、Close 两个图标。窗口控制图标下方的区域为录制设备及方式设置区域。

显然,要为 PPT 录制语音或视频旁白,首先应设置录制设备及方式。将该区域放大,如图 3-3-3(a)所示。

设备及方式设置区域的最下方为音频录制设备选择及设置区。

现在的计算机设备多为即插即用设备。若当前有麦克风设备接入并被系统检测出来,该设备将自动在该区域显示。图中显示,当前系统只有一个麦克风阵列接入。

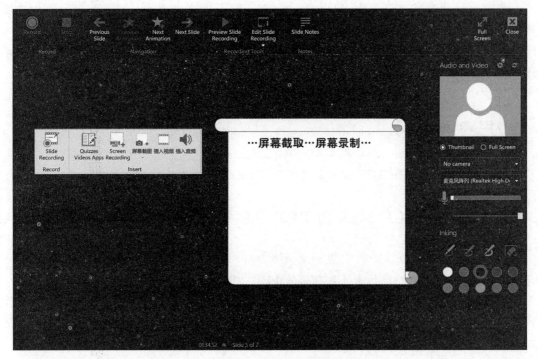

图 3-3-1　录制界面

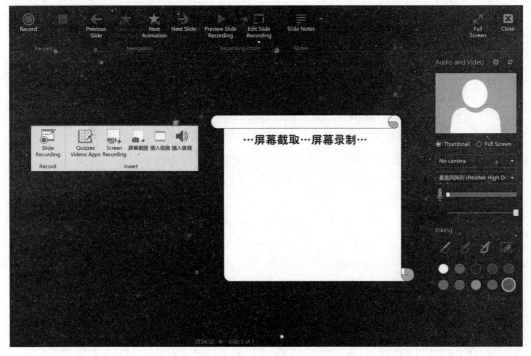

图 3-3-2　墨迹颜色选择

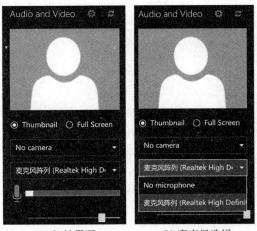

(a) 初始界面　　　　(b) 麦克风选择

图 3-3-3　录制设备及方式设置 1

可单击下拉图标展开音频录制设备选择框,如图 3-3-3(b)所示。图中显示,当前系统只有一个麦克风阵列接入。

将光标指向麦克风,灰色的麦克风图标将变为红色,提示单击该图标可关闭或打开麦克风,参考效果如图 3-3-4 所示。

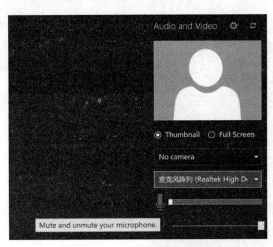

图 3-3-4　录制设备及方式设置 2

当前,麦克风为打开状态,可滑动设置麦克风的音量大小,可单击该图标关闭麦克风。

图 3-3-4 最上方为摄像头效果预览及设置区域。图中显示,左边 Thumbnail 按钮被选中,表示仅为当前 PPT 录制一个低分辨率的小窗口的视频旁白。当右边 Full Screen 按钮被选中时,将为当前 PPT 录制一个高分辨率的全屏视频旁白。

当前设置为无摄像头。可单击下拉图标展开摄像头设备选择框,如图 3-3-5 所示。图中显示,当前系统有前、后两个摄像头可使用。

图 3-3-5　录制设备及方式设置 3

可选择具体的摄像头,如选择 Camera Front。录制时,将打开前置摄像头,为当前 PPT 录制视频旁白。

设置好了录制设备及方式之后,可开始为当前 PPT 录制旁白。

快捷图标区最左边的快捷图标为"开始录制"图标。单击该图标将进入录制界面,"停止录制"图标将被激活,如图 3-3-6 所示。

图中,最上方为录制快捷图标控制区,最右边为墨迹颜色选择区,剩余的大面积区域为录制效果预览区。图中显示,当前墨迹颜色为红色,笔的大小为中号。

与图 3-3-1 所示的初始界面相比,为主要突出预览录制效果,将墨迹颜色选择图标竖向排列,隐藏了录制控制快捷图标的功能提示文字。9 个录制控制快捷图标如图 3-3-7 所示,从左到右依次为"录制""停止""上一页幻灯片""上一个动画""下一个动画""下一页幻灯片""预览幻灯片录制""编辑幻灯片录制""幻灯片备注"。

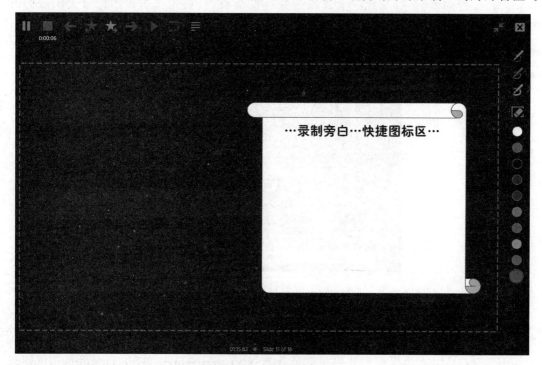

图 3-3-6　录制界面 1

开始录制前,可单击"上一页幻灯片"快捷图标温习前一页 PPT 的教学内容,可单击"下一个动画"快捷图标查看本页幻灯片的教学内容,可单击"上一个动画"快捷图标回退,还可单击"下一页幻灯片"快捷图标浏览"下一页幻灯片"的教学内容。

图 3-3-7　录制界面 2

单击"预览幻灯片录制"图标可预览录制效果,选择"幻灯片备注"图标可显示或隐藏幻灯片备注。

"编辑幻灯片录制"图标为图标组,包括三个快捷图标,如图 3-3-8 所示。

图 3-3-8　录制界面 3

最下方为"删除所有录制"图标,单击该图标后,本演示文稿中录制的所有旁白、计时、墨迹等将被全部删除。中间的图标为"删除幻灯片录制"图标,单击该图标后,演示文稿中当前页 PPT 的录制内容将被删除。

最上方为"剪辑幻灯片录制"图标,单击该图标后,将进入"剪辑幻灯片录制"界面。参考效果如图 3-3-9 所示。

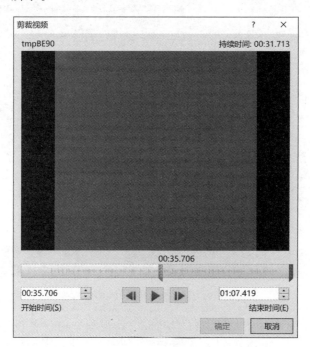

图 3-3-9　录制界面 4

可单击"播放"按钮播放旁白,可通过选择开始时间、结束时间等完成对当前页 PPT 计时的剪辑。

单击"录制"图标进入录制界面后,"停止录制"图标将被激活,此时可对照着 PPT 进行讲解,还可一边讲解一边书写墨迹。可单击空格键、回车键或 Play the next animation

图标播放下一个动画,旁白录制完成后,可单击 Stop Recording 图标完成旁白、计时、墨迹等的录制。

可通过 OFFICE MIX 逐页地给 PPT 录制旁白,实现全部演示文稿的录制,进而实现快速制作微课视频的目标。

OFFICE MIX 不是视频编辑软件,视频编辑方面的功能比较弱,只能通过设置开始及结束时间来编辑旁白,如果旁白的中间某处内容需要删除,无法实现。不过,通过 OFFICE MIX 录制的旁白是某特定页幻灯片的旁白,可通过将该页幻灯片拆分为两页后,重新设置开始及结束时间实现旁白的中间某处内容的删除。

下面结合一个实例介绍利用 OFFICE MIX 为 PPT 录制旁白的方法,利用 OFFICE MIX 录制一段设置视频旁白设备的教学视频。

具体步骤如下:

(1) 打开本单元原始演示文稿,进入旁白录制界面,如图 3-3-10 所示。

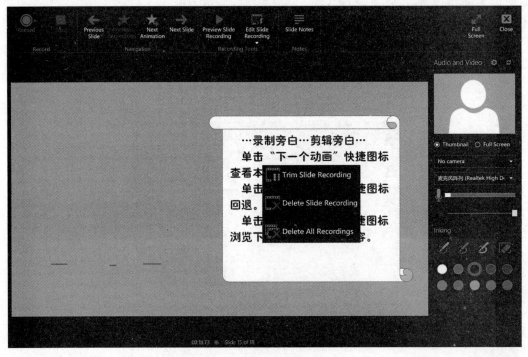

图 3-3-10　旁白录制实例 1

(2) 打开另一个演示文稿,进入录屏界面,选择视频旁白设备设置的区域,参考界面如图 3-3-11 所示。

(3) 单击“录制”按钮,“停止”按钮被激活,进入录制开始 3 秒倒计时,如图 3-3-12 所示。

(4) 倒计时结束,录屏开始。参考上面的操作设置视频旁白设备。

(5) 视频旁白设备设置完成后,将光标指向屏幕上方,展开隐藏的“录制控制快捷控制”图标,如图 3-3-13 所示。

(6) 单击“停止”按钮完成录制,录制后的旁白将出现在步骤(2)中打开的 PPT 中。

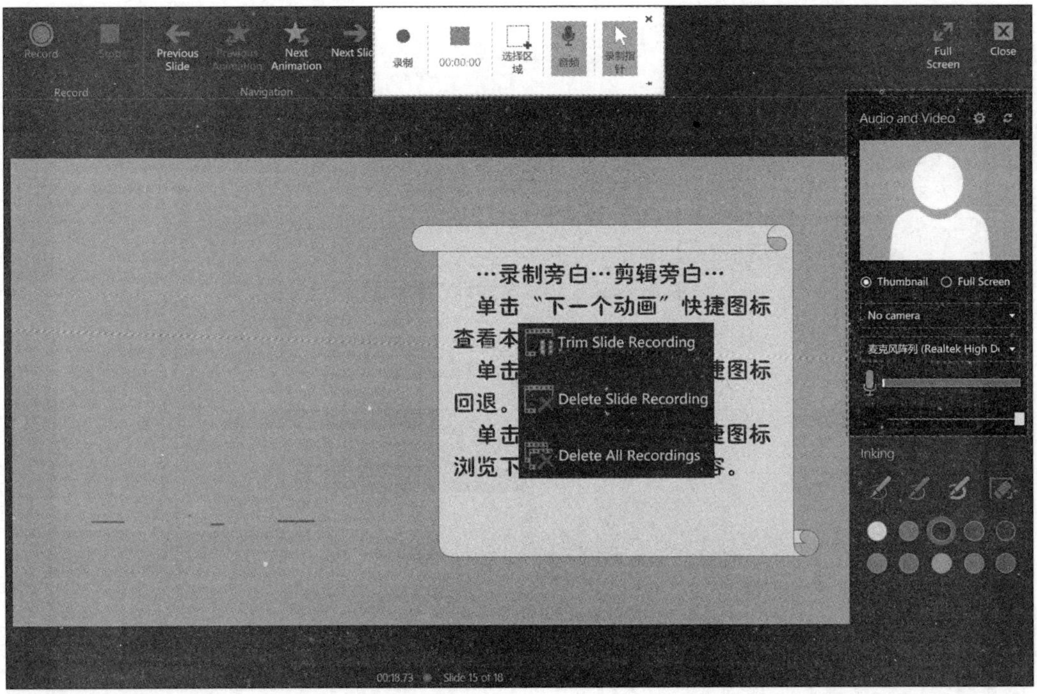

图 3-3-11　旁白录制实例 2

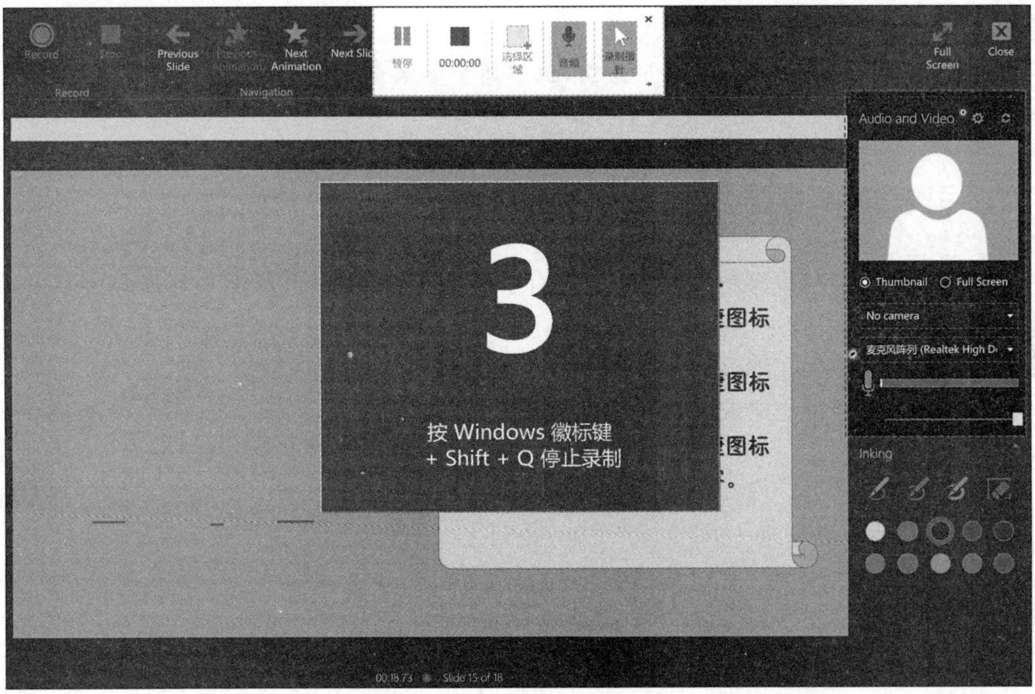

图 3-3-12　旁白录制实例 3

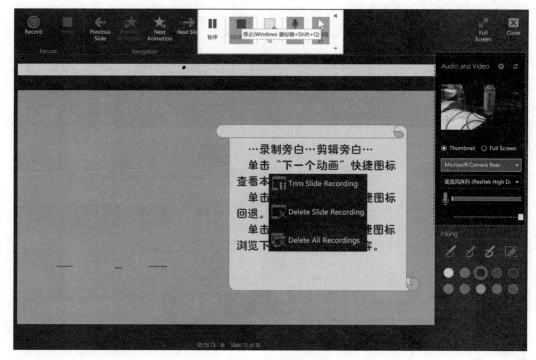

图 3-3-13　旁白录制实例 4

思考与练习

3.3.1　在录制旁白时,发生了语误,但不想重新录制,只好将该段话重新说了一遍,如何利用 OFFICE MIX 删除发生了语误的旁白段。

视频

3.4　引言中本征激发片段视频的制作

掌握了快速录制微课利器 OFFICE MIX 的基础知识之后,下面来具体制作一个微课视频片段,制作引言中本征激发片段视频。

可先扫描旁边的二维码浏览引言中该片段的效果。

视频

引言中为了尽可能地减少播放时间,只用了一句话介绍本征激发,该片段的完整脚本如 2.4 节所示。

必须指出的是,录制前应完成 PPT 的制作。2.4 节详细介绍了如何基于配套脚本制作 PPT,本节主要介绍基于制作好的 PPT 录制教学视频。

OFFICE MIX 针对演示文稿的录制内容主要包括旁白、播放计时、墨迹三部分内容。这三部分内容的录制是同时进行的,即在对照 PPT 进行讲解的同时,利用空格键或回车键同步播放动画,并利用鼠标等书写设备在屏幕的合适位置书写墨迹。

旁白、播放计时、墨迹和演示文稿是一体的,其录制必须同时进行,不能先把墨迹写好再讲。

播放计时、墨迹隶属于PPT，为非独立的媒体元素。但针对PPT的旁白是独立的媒体元素，可以考虑先录制旁白，再基于旁白，进行播放计时、墨迹的录制。

基于上面的分析，能够一步录制完成，当然非常好，不过这要求录制者的状态非常好。要达到好的效果，一般情况下需要多次重新录制或补充录制。为了节省录制时间，提高录制效率，可以分两步录制：一是录制PPT的旁白；二是播放旁白，对照着旁白录制播放计时及墨迹。

3.4.1 录制PPT的旁白

先介绍旁白的录制方法。

旁白有语音旁白、视频旁白两种形式，不管是哪种形式的旁白，其中的音频中的内容对应脚本的全部内容，首先必须解决的问题是如何录音。

关于录音问题，读者可能首先想起的是专业录音棚中，歌手用手捂着耳机，忘我地进入了自己的歌唱世界。谓之"听湿录干"。

如图3-4-1所示，歌手正在录音，手举着耳机，听着录制歌曲的伴奏，称为"湿声"，是具有各种效果的音乐。伴随着音乐的进程，歌手对着麦克风倾情演唱，这种没有伴奏效果的清唱声音便是"干声"。

图 3-4-1 "听湿录干"场景

又如，播音员手里拿着稿子，在演播大厅里对着麦克风，声情并茂地播报。

手机、笔记本电脑自带的麦克风，其录音效果也是非常不错的，再找一个比较安静、相对封闭的空间，可实现较好的录制效果。

如图3-4-2所示，封闭的过道能将录制者的声音自然反射，形成高档影厅多声道立体声的原声效果。

解决了录音设备及场地后，可利用OFFICE MIX录制旁白。

因为是分两步录制，因此无须对照着用于录屏的PPT录制旁白。可单独制作一个

PPT，将脚本中的全部文字复制到 PPT 中，用于录制旁白，如图 3-4-3 所示。

图 3-4-2 封闭的过道

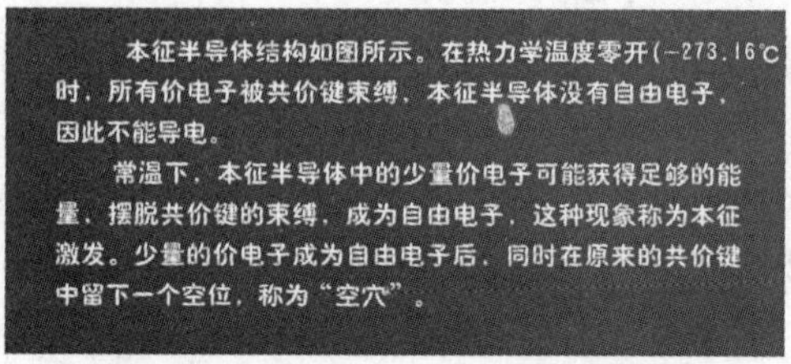

图 3-4-3 用于录旁白的 PPT

为了提高录制效率，建议编写脚本时，将配套语音的每一个字均写成脚本。毕竟，大多数人未受过专业的训练，只有在对照着文字读的场合下才可能基本不出错。

下面进入 OFFICE MIX，具体演示录制过程：

选择 MIX|Slide Recording 菜单命令，进入录制界面，如图 3-4-4 所示。

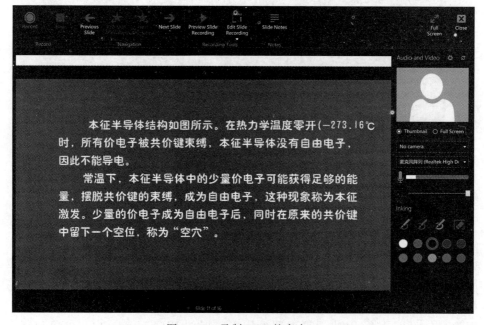

图 3-4-4 录制 PPT 的旁白 1

设置好录制设备及方式。如图 3-4-4 所示界面中，系统已检测出麦克风，录制设备及方式已设置好，可单击 Record 图标开始录制，如图 3-4-5 所示。

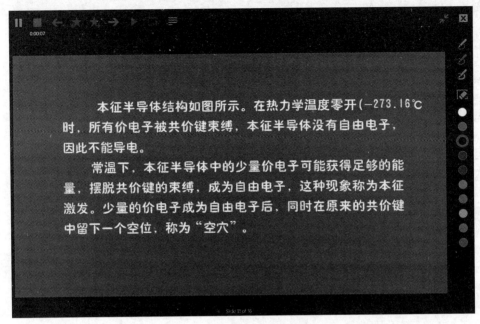

图 3-4-5　录制 PPT 的旁白 2

对着 PPT 中的文字开始录制。录制完成后，单击 Stop 图标回到如图 3-4-4 所示的初始录制界面，可参考图 3-3-9 在初始录制界面中适当剪辑我们的录制成果。

单击 Close 按钮关闭录制界面，回到 PPT 编辑界面，完成旁白的录制。

回到 PPT 中后，在该页 PPT 中增加了一个音频媒体图标，将光标指向音频媒体，将出现音频预览录制条板，可单击 Play 按钮，如图 3-4-6 所示。

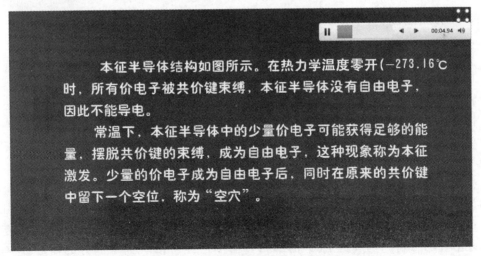

图 3-4-6　录制 PPT 的旁白 3

将光标指向音频媒体,右击,参考界面如图 3-4-7 所示。

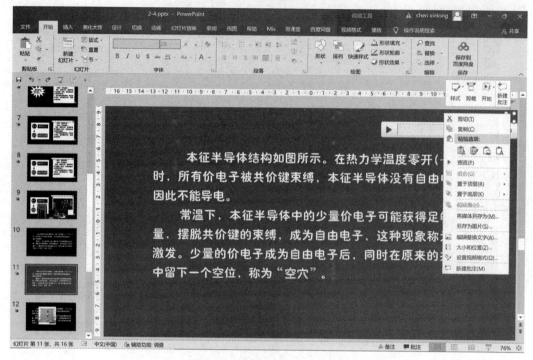

图 3-4-7　录制 PPT 的旁白 4

选择"将媒体另存为(M)…",保存录制成果,用于二次录制。

刚才演示了语音旁白的录制过程,如果要录制视频旁白,可购买一块拍照摄影背景布,放在身后。

在如图 3-4-4 所示界面中,设置录制摄像头。对着摄像头,按照刚才的步骤重新录制即可。

3.4.2　录制播放计时及墨迹

旁白录制好后,可基于旁白,继续录制播放计时及墨迹。

打开刚才保存的媒体文件,暂停播放。

打开需要录制计时及墨迹的 PPT,选择 MIX|Slide Recording 菜单命令,进入录制界面。设置好墨迹颜色、笔形、录制设备及方式等,如图 3-4-8 所示。

单击 Record 图标开始录制。切换到媒体播放应用窗口,播放先前录制的旁白;切换到 PPT 录制界面,按空格键播放动画,并书写必要的墨迹,如图 3-4-9 所示。

录制完成后,单击"停止"图标回到如图 3-4-8 所示的初始录制界面,可参考图 3-3-9 在初始录制界面中适当剪辑录制成果。

单击 Close 按钮,关闭录制界面,回到该页 PPT 的编辑界面,完成该页 PPT 的播放计时及墨迹的录制。在该页 PPT 的编辑界面中已经可以看到录制好的播放计时及墨迹,如图 3-4-10 所示。

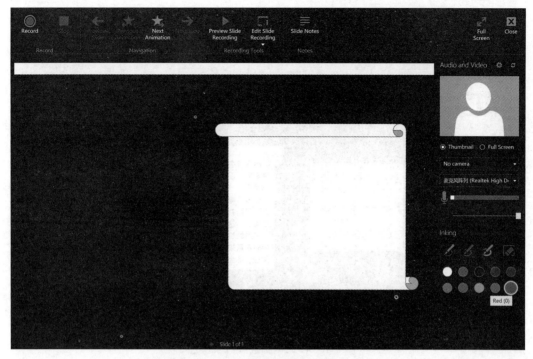

图 3-4-8　录制播放计时及墨迹 1

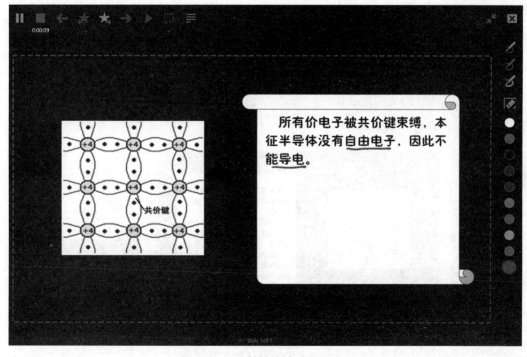

图 3-4-9　录制播放计时及墨迹 2

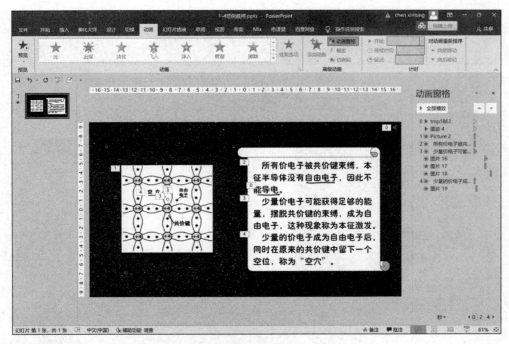

图 3-4-10　录制播放计时及墨迹 3

全部录制完成后,选择 MIX 选项卡的 Export to Video 图标,进入导出视频界面,如图 3-4-11 所示。

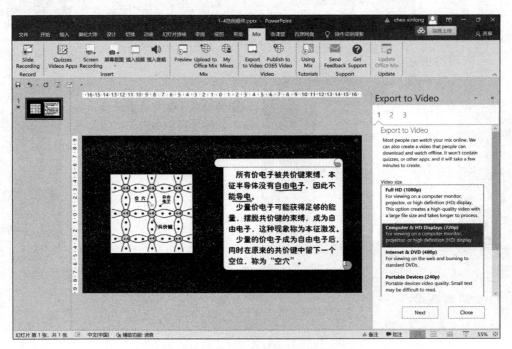

图 3-4-11　录制播放计时及墨迹 4

选择具体的导出视频大小。图中选择 720 行的高清质量视频。单击 Next 按钮,选择具体的导出路径及文件并确认,直到出现"导出成功"的提示。

可扫旁边的二维码来观看导出视频后经过初步编辑的效果。

必须指出的是,单纯利用 OFFICE MIX 制作的视频,可直接用于翻转课堂教学,教学效果也是有保障的。但这种视频本质上就是具有声音的 PPT,一般需要进行进一步的后期制作,以改善教学效果及表现手法,将在后面的内容中进一步介绍。

 **思考与练习**

3.4.1 把下面的脚本做成 PPT 并制作成教学视频。

基于上面的分析,能够一步录制完成,当然非常好,不过,这要求录制者的状态非常好。此外,要达到好的效果,一般还需要很多次重新录制或补充录制。为了节省录制时间,提高录制效率,可以分两步录制:

第一步:录制 PPT 的旁白。

第二步:播放旁白,对照着旁白,录制播放计时及墨迹。

3.5 网络直播课:基于 PPT 制作有声视频

2020 年初,新冠疫情来袭。为了应对这场突然的疫情,教育部要求学生"停课不停学",教师"停课不停教"。

为了帮助更多教师利用微课开展线上教学,作者在中国大学 MOOC 平台开设了"如何自己做慕课"系列直播课,分四次直播讲解了自己制作慕课的方法与步骤。

本节内容为本书前 3 章内容的总结,同时是作者开设的第一次网络直播课的内容。可扫描旁边的二维码回看该次网络直播课。

习题

1. 将第 2 章的习题 2 制作成教学视频。

2. 将第 2 章的习题 3 制作成教学视频。

3. 图 3-1 为作者通过网络申报课程项目时的申报封面。该封面的图像格式类型为 GIF 动画格式,可扫描旁边的二维码浏览该动画的效果。参考该效果回答下面的问题:

(1) 你认为该效果是否可能单纯用 PPT 设计实现?

（2）如果用 PPT 设计实现该效果，说明你的设计思路。

图 3-1　习题 3 的图

第 **4** 章

微课进阶利器1：手绘视频演绎逻辑推理过程

PPT

视频

手绘视频可形象演绎理工类课程的逻辑推理过程,在微课制作领域应用十分广泛。

4.1 手绘软件 Easy Sketch Pro 简介

本书主要介绍利用 Easy Sketch Pro(ESP)实现手绘视频的方法。

4.1.1 什么是手绘视频

手绘视频是在视频出现时用真实的手或笔进行绘制或移动的各种文字、图片或动画的一种视频表现形式,又称手画视频、素描视频或白板视频。

下面结合图 4-1-1 来具体浏览手绘视频的效果。

图 4-1-1 手绘视频效果

图 4-1-1 中有教室、黑板、卡通学生及卡通教师。利用手绘视频手绘出教室,增加虚拟的学生和教师,结合后面介绍的卡通交互技术的应用,形成了一种新的微课视频录制模式——虚拟教室录制模式。

手绘视频表现形式新颖,较吸引眼球,影片中的那只手会吸引观众,让人目不转睛,参与感强。在微课视频中,适当地引入手绘视频,可丰富视频的表现形式,有效增强视频的感染力。

4.1.2 手绘软件 Easy Sketch Pro 简介

手绘动画看起来非常高级,通过一些专业的软件制作起来还是比较容易的,本节以软件 Easy Sketch Pro(简称 ESP)为例介绍手绘视频的应用。

ESP 是一款强大的手绘视频制作软件,安装完成后,双击 EasySketchPro3.exe,出现如图 4-1-2 所示界面。

输入任意邮箱和序列号,单击 OK 按钮进入 ESP,出现如图界面 4-1-3 所示。

图 4-1-3 最上方为菜单图标功能区,包括 ESP 的全部菜单,共 18 个图标。

图 4-1-2　启动界面

图 4-1-3　ESP 的主界面

打开一个新的工程后的界面如图 4-1-4 所示。

屏幕的最上方为标题栏。标题栏的下方为功能菜单快捷图标区。屏幕的最下方为状态栏。状态栏提示，当前工程包括两页幻灯片，当前工程载入完成。中间的大部分区域为设计区。

设计区的左边为幻灯片选择区。图中显示，当前制作工程中，共有两页幻灯片。第一页幻灯片边框为红色，表示该幻灯片为当前幻灯片。

设计区的大部分区域为灰色区域部分，用于手绘视频制作效果预览。其中的白色背景区为手绘视频的实际效果预览区。

了解了 ESP 的功能区域分布之后，下面继续介绍 ESP 的菜单图标。最左边的四个图标为手绘视频制作"工程操作"面板，具体如图 4-1-5 所示。从左到右依次为"新建工

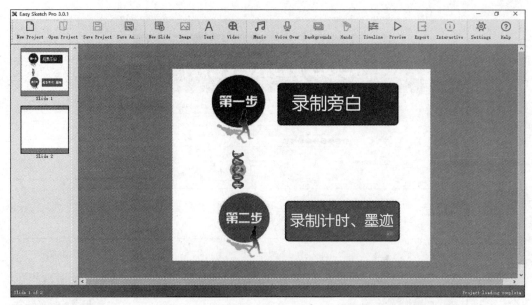

图 4-1-4　ESP 打开一个工程后的界面

程""打开工程""保存工程""另存工程"四个快捷图标,可选择相应的图标完成对手绘视频制作工程的操作。

"工程操作"面板右边为"幻灯片设计"面板,具体如图 4-1-6 所示。从左到右依次为"新建幻灯片""插入图像""插入文本""插入视频"四个快捷图标,可选择相应的图标完成对当前幻灯片的设计操作。

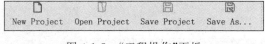

图 4-1-5　"工程操作"面板

图 4-1-6　"幻灯片设计"面板

选择 New Slide 图标,将为当前工程插入一页空白幻灯片,用于手绘视频制作。

可选择相应的图标为当前幻灯片插入图像、文本、视频等。

选择 Image 图标,将进入当前幻灯片插入图像任务对话框,如图 4-1-7 所示。图左侧区域为系统自带图像库,右侧区域为图像库中图像的预览效果区。

可选中库的图像,双击将该图像插入当前幻灯片中。

如图 4-1-7 所示界面的下方包括四个按钮。可选择 Load Image from PC 从计算机中装入图像并插入当前幻灯片中。还可选择 Add To Library 将计算机中的图像文件夹加入库中。

选择 Text 图标,将进入当前幻灯片插入文本任务对话框,参考界面如图 4-1-8 所示。在文本框中输入需要插入的文本,适当设置文本的字体、字形及大小,单击 OK 按钮,将文本插入当前幻灯片中。

选择 Video 图标,将进入当前幻灯片插入视频任务对话框,如图 4-1-9 所示。单击

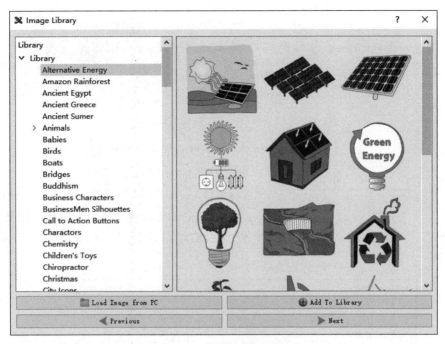

图 4-1-7 插入图像的界面

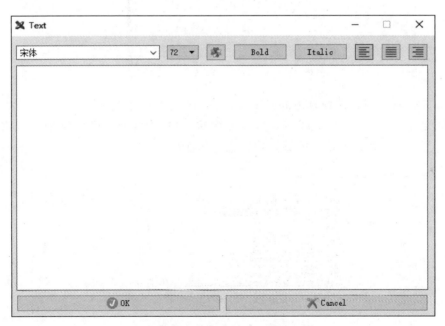

图 4-1-8 插入文本的界面

Browse 按钮，选择具体的视频文件，单击 Add 按钮，将视频插入当前幻灯片中。

可选中 Sketch to Video 复选框，视频插入幻灯片后，先手绘出场景。还可选中 Use High Quality Frame 复选框，以高质量视频模式将视频插入幻灯片中。

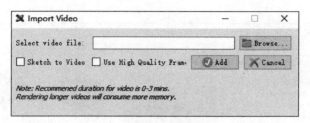

图 4-1-9　插入视频的界面

图 4-1-10　"幻灯片设置"面板

"幻灯片设计"面板右边为"幻灯片设置"面板,如图 4-1-10 所示。从左到右依次为 Music、Voice Over、Backgrounds、Hands 四个快捷图标,可选择相应的图标完成对当前幻灯片的设置操作。

选择图 4-1-10 中的 Music 图标,将进入当前幻灯片背景音乐设置任务对话框,如图 4-1-11 所示。

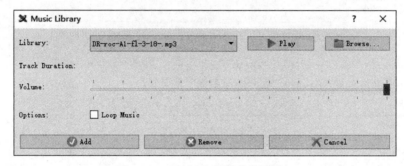

图 4-1-11　幻灯片背景音乐设置 1

单击 Browse 按钮,选择具体的音乐文件,可展开下拉按钮,选择系统自带的背景音乐库中的文件,如图 4-1-12 所示。单击 Add 按钮,将选中的背景音乐添加到当前幻灯片中。单击 Remove 按钮可将之前添加的背景音乐删除。

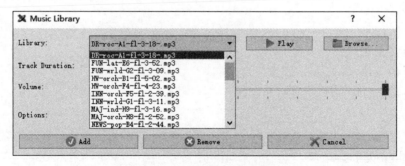

图 4-1-12　幻灯片背景音乐设置 2

系统默认将背景音乐播放一次。可勾选 Loop Music 复选框,使该音乐作为背景音乐循环播放。当对库中的音乐不熟悉时,可单击 Play 按钮试听该音乐,如图 4-1-13 所示。

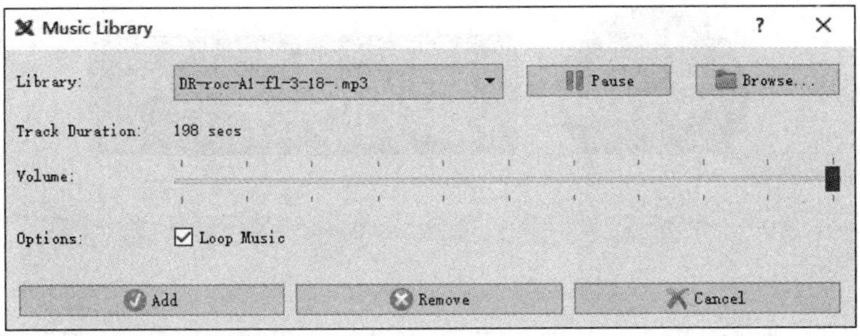

图 4-1-13　幻灯片背景音乐设置 3

选择图 4-1-10 中的 Voice Over 图标，将进入当前幻灯片的旁白设置录制任务对话框，如图 4-1-14 所示。

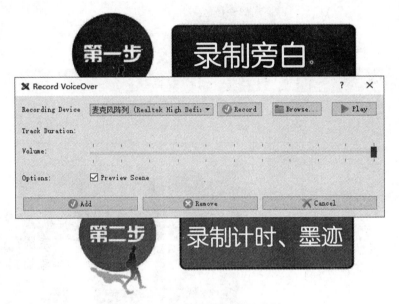

图 4-1-14　幻灯片旁白设置录制 1

旁白的含义在前面已做过介绍。显然，录制旁白应先设置录音设备。图中显示有可用的录音设备。单击 Record 按钮为当前幻灯片录制旁白。

旁白是基于幻灯片展示内容的进一步解释或补充。可勾选 Preview Scene 复选框，单击 Record 按钮，系统将播放幻灯片效果，对照着手绘效果，同步录制旁白，如图 4-1-15 所示。

录制完成后，单击 Stop 按钮停止录制，单击 Add 按钮将旁白添加到当前幻灯片中。也可单击 Remove 按钮将之前添加的旁白删除。

选择图 4-1-10 中的 Backgrounds 图标，将进入幻灯片背景图像设置任务对话框，如图 4-1-16 所示。

单击选择库中的图像，ESP 自动将该图像设置为幻灯片的背景。单击 Remove Background，删除幻灯片的背景设置；选择 Add To Library 将计算机硬盘中的文件夹添

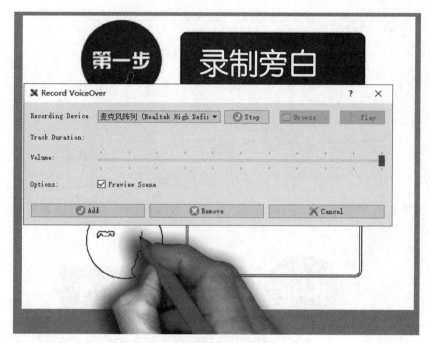

图 4-1-15　幻灯片旁白设置录制 2

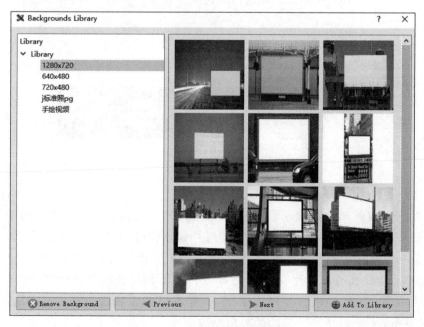

图 4-1-16　幻灯片背景图像设置

加到库中。单击 Previous 或 Next 按钮可上翻或下翻图像页,选择刚才添加到库中的图像并设置为幻灯片的背景。

　　选择图 4-1-10 中的 Hands 图标,将进入"手的类型及具体手形"设置任务对话框,如

图 4-1-17 所示。

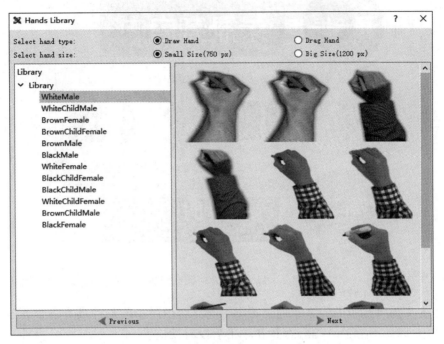

图 4-1-17　幻灯片手绘效果手型设置

图 4-1-17 中,Draw hand 选项按钮被选中,表示当前手的类型为用于绘图的手。可选择具体的手形图设置用于绘图的手的形状,图中,选择的手的类型为 WhiteMale,为图 4-1-15 所示效果中使用的手的类型。

还可单击选中 Drag Hand 选项,设置用于移动图像及文字的手的具体手形。单击 Previous 或 Next 按钮可上翻或下翻手形页,选择喜欢的手形。

快捷图标区最右边有 Preview、Export 等六个快捷图标,如图 4-1-18 所示。

图 4-1-18　预览、导出等快捷图标

动画本质上是多帧图像动起来的画面,这些图像是按照时间轴上的先后顺序组织起来的,常用时间线描述视频中各元素时间轴上的组织编排顺序,ESP 也支持时间线的简单的设置与调整。

单击 Timeline 图标,进入"时间线"设置与调整任务对话框,如图 4-1-19 所示。

图 4-1-19 中显示,当前幻灯片时间线上有三个元素,按照时间顺序依次为蓝色背景图像、绳索图像及红色背景图像。仔细观察白色画布上各元素,蓝色背景图像标有数字 1,绳索标有数字 2,红色背景图像标有数字 3。

图 4-1-19 中,只有 Bring to canvas 按钮可以单击,但单击后似乎没有反应。Bring to

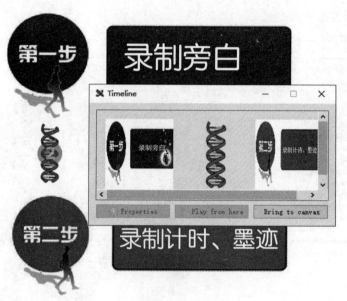

图 4-1-19　幻灯片时间线设置 1

canvas 的含义为将选中的元素布局到画布中心。图中所示幻灯片具有三个元素,但没有元素被选中,因此 Bring to canvas 按钮单击后没有反应。

时间线上单击绳索图像,选中该元素,如图 4-1-20 所示。

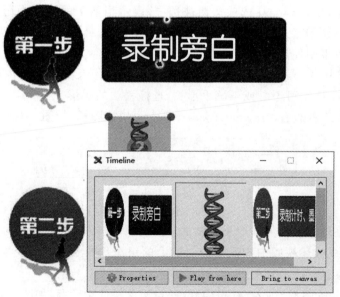

图 4-1-20　幻灯片时间线设置 2

图 4-1-20 中,时间线上的绳索图像背景为浅灰色,有边框,为时间轴上被选中的元素。可单击 Play from here 按钮,预览从当前元素开始的手绘效果。可单击 Bring to canvas 按钮,将选中的当前元素移动到画布中心。若当前元素位于画布以外的灰色区

域,可通过这个方法快速将位于画布以外的元素移动到画布中心。

可单击 Properties 按钮,设置当前元素的具体手绘效果,如图 4-1-21 所示。

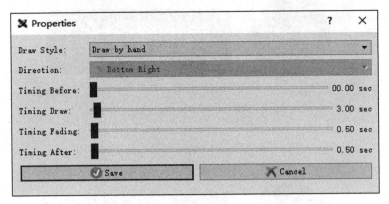

图 4-1-21　幻灯片时间线设置 3

图 4-1-21 中,设置绳索图像的手绘模式为 Draw by hand(用手绘),从 Bottom Right (右下角)开始绘制。整幅图的 Timing Draw(绘制时间)为 3 秒,Timing Fading(着色时间)为 0.5 秒。

单击 Play 按钮,可预览设置的手绘效果,如图 4-1-22 所示。预览过程中,可单击 Stop 按钮,结束效果预览。

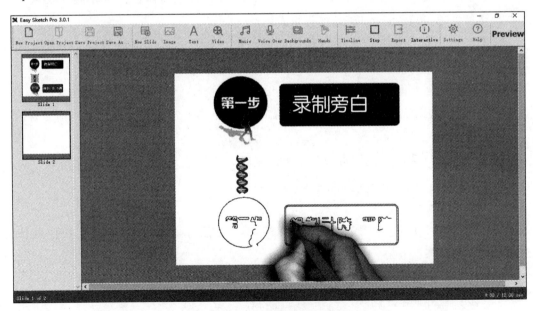

图 4-1-22　预览手绘效果的图

手绘效果制作完成后,可单击 Export 图标,将制作的手绘视频导出。

最右边的图标为 Help 图标,Help 图标左边的图标为 Settings 图标,可设置当前工程的背景、视频尺寸等。

单击 Settings 图标,将进入当前工程设置任务对话框,如图 4-1-23 所示。

图 4-1-23　Settings 设置

图 4-1-23 中显示,当前画布大小为 640×480,背景颜色为白色。可相应地设置画布大小及背景颜色,单击 Save 按钮,保存设置。

基于上述图标的功能,可总结利用 Easy Sketch Pro 制作手绘视频的步骤,具体如下:

第 1 步:创建工程。

ESP 启动后,系统将自动创建一个新的工程,可单击 Settings 图标设置当前工程。

第 2 步:插入幻灯片。

ESP 采用幻灯片的形式编辑和制作手绘视频。ESP 启动后,系统将自动插入一页新的幻灯片,可选择 New Slide,继续插入新的幻灯片。

第 3 步:插入元素。

在当前幻灯片中,选择插入元素区的图标,插入需要手绘的元素,系统将按照默认方式设置其手绘效果。

第 4 步:设置各元素的手绘效果。

第 5 步:输出制作好的手绘视频。

思考与练习

4.1.1　结合 ESP 制作手绘视频的步骤说明如图 4-1-24 所示手绘效果的制作思路。

图 4-1-24　思考与练习 4.1.1 的图

4.2　微课中推理过程演绎的手绘实现

下面进一步介绍使用 ESP 制作手绘视频。

4.2.1　手绘视频制作的关键步骤

手绘视频在微课制作领域应用十分广泛,运用恰当的手绘视频,其中的手,能吸引读者的目光,用于推理过程演绎时,可增强学习者的印象,进一步提高视频的感染力。

图 4-2-1 为西安交通大学《电路(国家级精品开放课程)》中的一段视频的截图,利用手绘视频手写电路方程,可吸引学习者的注意力,有效提高视频的感染力。

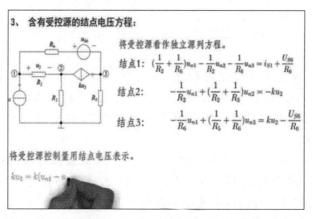

图 4-2-1　手绘效果视频片段

手绘视频的制作包括 5 个步骤,ESP 启动时,自动创建工程并插入一页新的幻灯片,因此制作的关键是第 3 步和第 4 步。也就是说,要制作手绘视频片段,首先要确定构成该视频片段的元素,之后可设置各元素的手绘属性,制作完成后导出视频即可完成视频片段的制作。

4.2.2 "手绘视频制作的 5 个步骤"手绘效果实现的思路

用手绘效果实现的手绘视频制作的 5 个步骤的视频片段如图 4-2-2 所示。

图 4-2-2 5 个步骤的视频片段 1

由图 4-2-2 可知,用手绘效果实现手绘视频制作的 5 个步骤的视频的手绘效果包括 5 个步骤的图像和 5 个箭头的图像。

也可以把图 4-2-2 当成一幅图像。不过,由图 4-1-19 所示的时间线的描述可知:

每个元素(图像)具有一个手绘属性,ESP 将作为一个整体进行手绘。

由图 4-1-21 可知:

ESP 对图像进行手绘时,将从右下角或其他位置开始,在设定的时间内完成整幅图像的绘制。

因此,将 5 个步骤的手绘实现分解为 10 幅图像,能实现更好的手绘效果。

基于上面的分析,手绘视频的制作步骤如下:

(1) 启动 ESP。

(2) 插入上面 10 幅图像。

(3) 设置 10 幅图像的手绘属性。

(4) 输出视频。

ESP 中的手绘媒体的手绘属性包括 Draw by hand、Draw 两种手绘模式,Drag by hand、Drag 两种移动模式,以及 Fade in(淡入)模式,如图 4-2-3 所示。

图 4-2-2 所示的视频片段中,5 个箭头的图像采用 Fade in 模式,5 个步骤的图像采用 Draw by hand 模式。

由图 4-2-2 可知,用手绘效果实现的上述 5 个步骤的视频片段的确比直接幻灯片实现新颖很多。不过,图中文字"输出视频"已经手绘完成,外围轮廓却还没有手绘完成,非常不合逻辑。手绘软件手写的汉字完全不符合我们的书写习惯。

手绘视频又称为素描视频,先勾画图像的轮廓,再涂抹图像的细节。

图 4-2-2 所示的视频片段中,用于实现该视频的幻灯片包括 10 幅图像,不利于系统智能判断图像的轮廓,最终效果也是完全不吻合我们的书写习惯。

改进图 4-2-2 所示的视频片段,将 5 个箭头的效果用 PPT 实现,5 个步骤的图像单独用 5 个视频片段实现。这样,实现该视频的幻灯片只有一幅图像,系统能清晰地判断出图像的轮廓,实现更好的手绘效果,可浏览一下改进效果。

图 4-2-3　ESP 的 6 个手绘属性

图 4-2-4　5 个步骤的视频片段 2

　　与图 4-2-2 所示的效果相比，如图 4-2-4 所示的手绘效果的确不错。先绘出外框轮廓，再书写文字。不过，这个写字的手艺术水准也太高了，能一笔同时写出两个字，不符合日常生活中一个一个写字的书写习惯。

　　前面将步骤中的文字做成了图像，因此手绘时两个字一起写。如果要实现一个一个字写，将图像当成文字处理即可实现。

　　"手绘视频制作的 5 个步骤"手绘效果实现的思路如下：

　　(1) 将这个手绘效果分解为 15 个元素：5 个箭头，5 个轮廓图像，5 个文字。

　　(2) 5 个箭头的效果用 PPT 实现，5 个步骤单独用 5 个手绘效果实现。

　　(3) 每个手绘效果包括轮廓图像、文字两个元素。

　　(4) 利用视频合成软件将各元素最终合成为一个视频。

4.2.3　"手绘视频制作的 5 个步骤的第一个步骤"手绘效果的实现

　　下面以第一个步骤（"创建工程"步骤）为例，介绍用 ESP 实现手绘效果的方法。

　　启动 Windows 画图，打开"创建工程"的边框图像，选择"重新调整大小"，将其像素设置为 640×480，如图 4-2-5 所示。

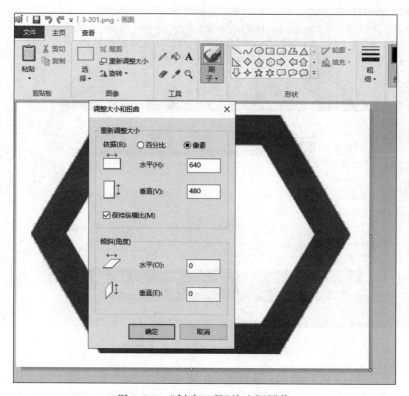

图 4-2-5　"创建工程"的边框图像

在 Windows 画图中保存图像,用于 ESP 手绘效果制作。

边框图像准备好后,启动 ESP,单击 Settings 图标,进入当前工程设置任务对话框。设置画布大小为 640×480,背景颜色为白色,如图 4-2-6 所示。

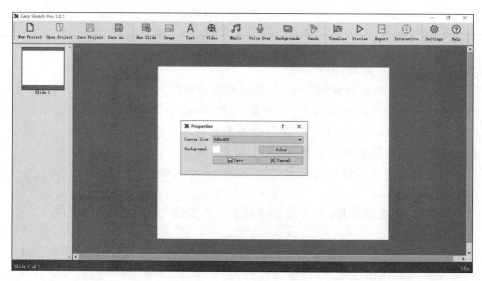

图 4-2-6　手绘效果的实现 1

单击 Save 按钮，保存设置。

单击 Image 图标，进入插入图像任务对话框，如图 4-2-7 所示。单击 Load Image From PC 按钮，在随后出现的界面中，单击 Browse 按钮，选择刚才准备好的边框图像，如图 4-2-7 所示。

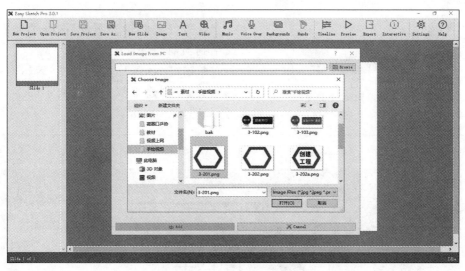

图 4-2-7　手绘效果的实现 2

单击"打开"按钮，如图 4-2-8 所示。单击 Add 按钮，ESP 将在当前幻灯片中插入前面制作好的轮廓图像，预览区效果如图 4-2-9 所示。

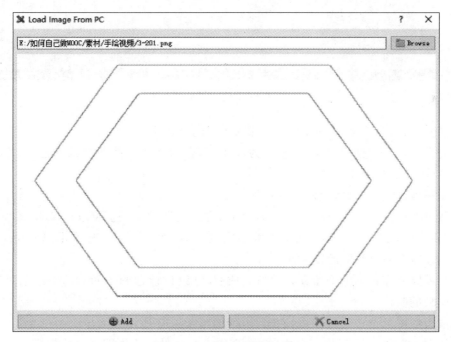

图 4-2-8　手绘效果的实现 3

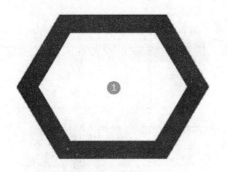

图 4-2-9　手绘效果的实现 4

图 4-2-9 中的灰色底纹提示文字"1",表示该图像在当前幻灯片的时间线上序号为 1。

本手绘视频包括边框轮廓图像及文字两个元素。

放置好边框轮廓图像后,继续插入相关文字到当前幻灯片中。

单击 Text 图标,进入文字编辑对话框,输入文字"创建工程",设置文字的字体及字号,如图 4-2-10 所示。

图 4-2-10　手绘效果的实现 5

单击 OK 按钮,将刚才输入的文字插入当前幻灯片中。

双击文字,文字"创建工程"背景变为浅蓝色,表示该文字被选中。可适当移动光标,调整文字的位置,如图 4-2-11 所示。

可在其他位置双击,取消刚才的选择。

之后可右击,如图 4-2-12 所示。可在随后弹出的菜单中,选择 Edit,编辑文字;也可选择 Order Up 或 Order Down,调整各元素在时间线上的先后顺序;还可选择 Properties,进入手绘效果设置界面。

手绘视频制作包括的两个元素放置完成后,继续设计这两个元素的手绘效果便可完成手绘视频的制作。

双击边框图像选中边框图像,右击,出现如图 4-2-13 所示界面。

在如图 4-2-13 所示弹出菜单中,选择 Properties,进入边框图像手绘效果设置界面。

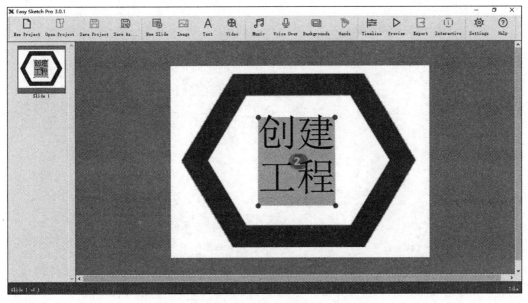

图 4-2-11 手绘效果的实现 6

图 4-2-12 手绘效果的实现 7

设置手绘动画 Timing Draw 的持续时间为 0.57 秒，保持手绘动画前（Timing Before）的延迟时间、涂抹上色（Timing Fading）的持续时间及手绘动画完成后（Timing After）的延迟时间不变，如图 4-2-14 所示。

本手绘效果主要强调的是文字内容。如果两个元素均手绘，有点主题不突出。可展开手绘模式 Draw Style 的下拉按钮，设置手绘模式 Draw Style 为 Fade in，如图 4-2-15 所示。

单击 Save 按钮，保存设置。在其他位置双击可取消刚才的选择。

边框图像手绘效果设置好后，可参考刚才的方法进一步设置文字的手绘效果，设置其手绘模式为 Draw by hand，Timing Draw 的持续时间为 2.27 秒，如图 4-2-16 所示。

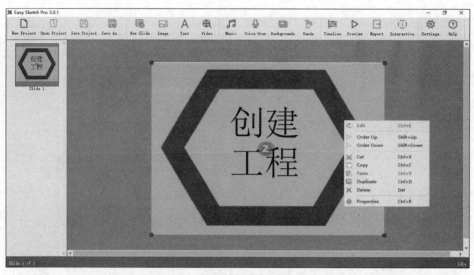

图 4-2-13　手绘效果的实现 8

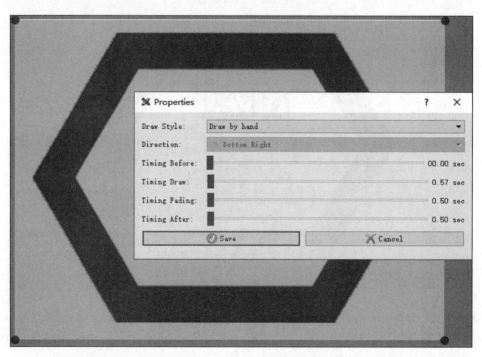

图 4-2-14　手绘效果的实现 9

单击 Save 按钮,保存设置。

单击 Preview 图标预览效果。效果满意后,单击 Export 图标,参考效果如图 4-2-17 所示。

输入合适的文件名称,单击"保存"按钮,输出当前制作的手绘视频。

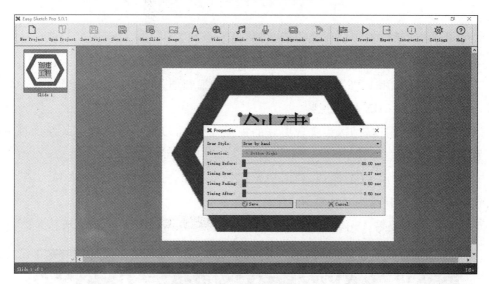

图 4-2-15 手绘效果的实现 10

图 4-2-16 手绘效果的实现 11

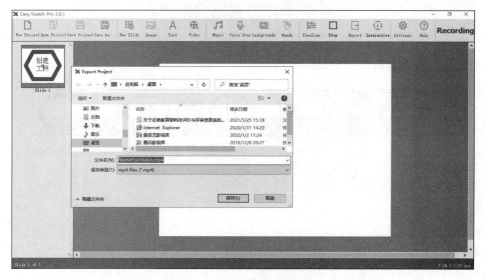

图 4-2-17 手绘效果的实现 12

4.2.4 手绘视频在微课中的实现

手绘视频中的手能吸引学习者的目光,适合推理过程的演绎,也适合展示理工类知识点的逻辑推理过程。

前面完成了"手绘视频制作的 5 个步骤"的"第一个步骤"的手绘视频的制作。强调了第一个步骤的重点是"创建工程"。参考第一个步骤手绘视频的制作方法,继续制作其余四个步骤的手绘视频。为实现更好的视觉效果,可适当修改轮廓图像的填充颜色。

"5 个步骤"的手绘视频制作完成后,可将这 5 个视频作为素材引入到微课中。

本书中,微课设计制作的主要工具是 PPT,引入到微课中的方法如下:

5 个箭头的效果用 PPT 实现,5 个步骤的手绘视频插入到 PPT 的适当位置,制作完成后,利用 OFFICE MIX 导出视频。

PPT 不是视频制作软件,为实现更好的视觉效果,可以将手绘视频引入微课视频中,具体如下:

5 个箭头的效果用 PPT 实现,导出初始视频。利用合成软件将 5 个步骤的手绘视频插入到 PPT 导出的初始视频中的相关位置。

下面预览一下效果。先看单纯 PPT 的输出效果,具体如图 4-2-18 所示。

图 4-2-18　单纯 PPT 的输出效果

图中,将 5 个步骤制作成图像,利用 PPT 的动画效果实现。

继续浏览手绘视频的效果,具体如图 4-2-19 所示。

图 4-2-19　手绘视频的效果

显然,利用手绘视频,可增强具体教学内容的表现手法,提升视频的感染力。

思考与练习

4.2.1　如图 4-2-20 所示,利用 OFFICE MIX 录制教学视频的步骤,结合本节内容说明将该步骤制作成手绘效果的制作思路。

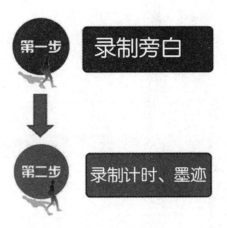

图 4-2-20　手绘视频的效果

4.3　制作实例：片头的制作

　　手绘视频模式新颖，也常用手绘视频制作微课的片头或片尾。下面使用 ESP 具体演示片头的制作，设计制作一个本课程的片头。

　　手绘视频制作的关键是第三步和第四步。制作片头，首先应确定片头包括的具体元素。

　　本节所有视频均以暗绿色花纹为背景，为使片头与正文风格一致，设计的本课程的片头使用暗绿色花纹为背景，如图 4-3-1 所示。

图 4-3-1　片头制作的背景

　　课程的片头应简洁，主题鲜明。可用文字描述课程的名称，再用简洁的文字扼要地描述课程的特色。制作本课程片头的手绘视频的基本元素如下：

　　（1）暗绿色花纹背景。

　　（2）文字 1：8 堂课演绎高质量慕课制作。

（3）文字 2：基于 PPT 的微课快速合成制作方法。

提前准备分辨率为 1280×720 的背景图像。准备好后，进入 ESP，单击 Settings 图标，进入当前工程设置任务对话框。设置画布大小为 1280×720，背景颜色为白色，如图 4-3-2 所示。

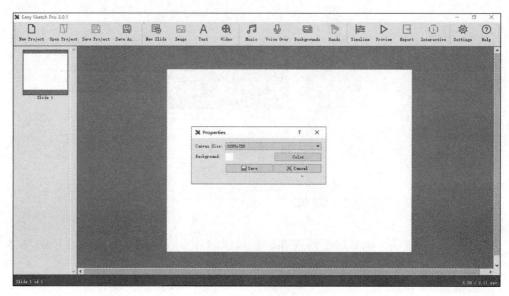

图 4-3-2　片头制作 1

单击 Save 按钮，保存设置。

选择 Backgrounds 图标，进入背景设置界面；选择 Add To Library，在随后出现的界面中选择计算机硬盘中含有背景图像的文件夹，如图 4-3-3 所示。

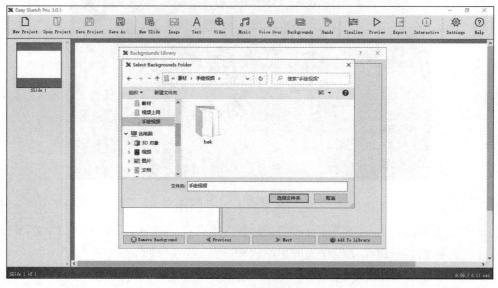

图 4-3-3　片头制作 2

单击"选择文件夹"按钮，将该文件夹添加到库中。

单击该文件夹，将出现该文件夹中可供选择的所有图像，如图 4-3-4 所示。

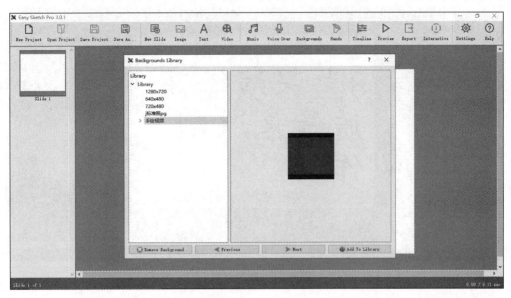

图 4-3-4　片头制作 3

ESP 仅支持 JPG 格式的图像。图中，只有一幅图像可供选择，双击该图像，将其设置为幻灯片背景，如图 4-3-5 所示。

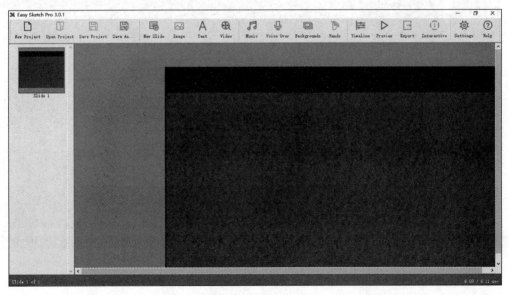

图 4-3-5　片头制作 4

选择 Text 图标，进入文字编辑对话框，输入文字 1"8 堂课演绎高质量慕课制作"，设置文字的字体、字号及颜色等，如图 4-3-6 所示。

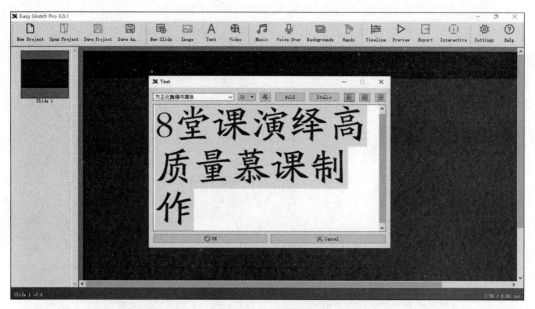

图 4-3-6　片头制作 5

单击 OK 按钮，将刚才输入的文字插入当前幻灯片中，如图 4-3-7 所示。

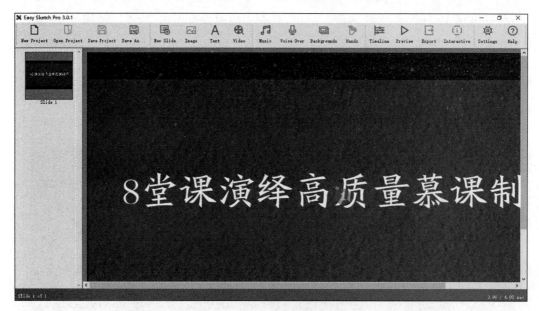

图 4-3-7　片头制作 6

双击文字 1，适当移动鼠标，调整文字 1 的位置。必要时，可选择该元素，右击，出现如图 4-3-8 所示的界面。

在如图 4-3-8 所示的界面中，单击 Edit 菜单，进入编辑界面，重新设置文字的内容、字体、字号及颜色等。

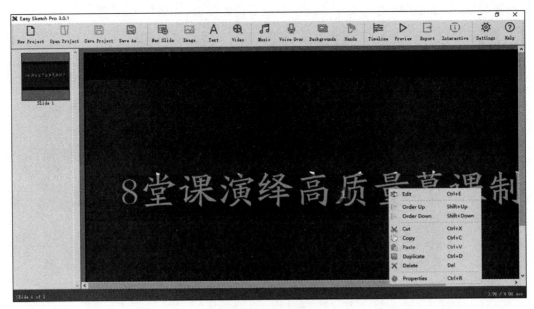

图 4-3-8　片头制作 7

　　继续单击 Text 图标，进入文字编辑对话框，输入文字 2"基于 PPT 的微课快速合成制作方法"，设置文字的字体、字号及颜色等，如图 4-3-9 所示。

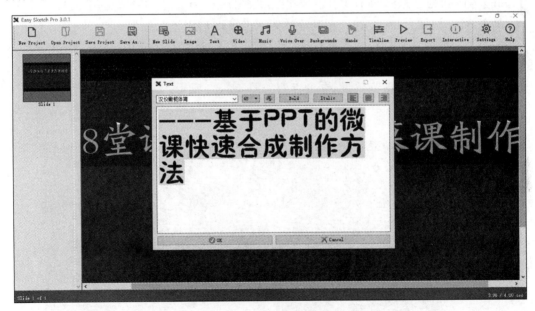

图 4-3-9　片头制作 8

　　单击 OK 按钮，将刚才输入的文字插入当前幻灯片中。
　　双击文字 2，适当移动鼠标，调整文字 2 的位置。
　　双击文字 1，文字 1 的背景变为浅蓝色，该文字被选中，右击，在随后出现的弹出菜单中选择 Properties 选项,进入文字 1 的手绘效果设置界面,如图 4-3-10 所示。

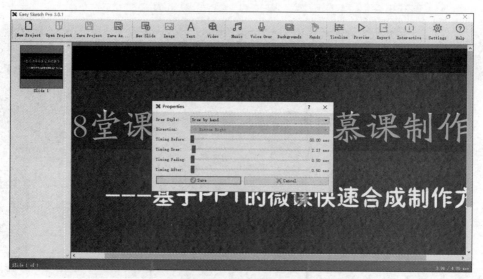

图 4-3-10 片头制作 9

图 4-3-10 中,设置手绘动画 Timing Draw 的持续时间为 2.27 秒,保持手绘动画前 (Timing Before)的延迟时间、涂抹上色(Timing Fading)的持续时间及手绘动画完成后 (Timing After)的延迟时间不变。设置手绘模式 Draw Style 为 Draw by hand。

单击 Save 按钮,保存设置。在其他位置双击可取消刚才的选择。

按照上面的方法,进一步设置文字 2,设置其手绘模式为 Drag by hand,Timing Draw 的持续时间为 2.05 秒。单击 Save 按钮,保存设置。

单击 Preview 图标预览效果,参考界面如图 4-3-11 所示。

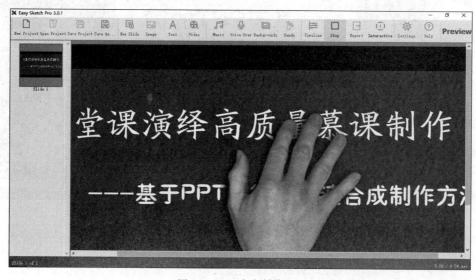

图 4-3-11 片头制作 10

单击 Export 图标输出当前制作的手绘视频。

思考与练习

4.3.1　利用 ESP 将如图 4-2-20 所示"利用 OFFICE MIX 录制教学视频的步骤"制作成视频。

4.4　网络直播课：如何自己做慕课（二）｜如何快速进阶我的 PPT 视频

2020 年初,新冠疫情袭来。为了应对这场突然的疫情,教育部要求学生"停课不停学",教师"停课不停教"。

为帮助更多的老师利用微课开展线上教学,作者在中国大学 MOOC 平台开设了"如何自己做慕课"系列直播课,分四次直播讲解了自己如何做慕课的方法与步骤。

本节内容为本书第 3、4、7 章内容的总结,同时是作者开设的第 2 次网络直播课的内容。可扫描旁边的二维码回看该次网络直播课。

视频

习题

1. 利用 ESP 制作下面的教学案例片段的教学视频：

（1）录制音频旁白,脚本如下：

如图所示运放电路的两个输入端（图 4-1 中的＋、－）之间的电压几乎等于零,如同将该两点短路一样。但是该两点实际上并未真正被短路,只是表面上似乎短路,因而是虚假的短路,故将这种现象称为"虚短"。

（2）该教学案例片段的涉及的原始图片素材如图 4-1 所示,要求当旁白讲解到"该两点实际上并未真正被短路,只是表面上似乎短路"时,手绘图中的虚线,强调只是表面上似乎短路。

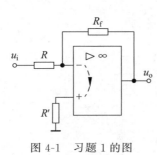

图 4-1　习题 1 的图

2. 利用 ESP 将如图 3-1 所示素材制作成片头。

3. 利用 ESP 如何实现如图 4-2-1 所示效果。

第 **5** 章

微课进阶利器2：语音合成技术

PPT

语音合成在微课制作领域应用十分广泛。利用多人语音合成可实现虚拟的课堂交互，提升微课视频的感染力。

5.1 文本转语音软件 Balabolka 简介

人工智能时代，文本转语音技术应用已经十分普遍，基于文本合成的语音发音标准，独具特色。

本节以 Balabolka 语音合成软件为例，介绍语音合成技术在微课制作中的应用。

5.1.1 常见数字音频文件格式

视频

数字音频的主要参数有采样频率、采样位数和声道数。

采样频率即每秒采集音频数据的次数。采样频率越高，音频保真度越高。计算机广泛配置的 16 位声卡使用的采样频率通常包括 11025Hz、22050Hz、44100Hz 和 48000Hz 四种，其中，采用 11025Hz 采样的声音效果相当于电话声音的效果；采用 22050Hz 采样的声音效果相当于 FM 调频广播的效果；采用 44100Hz 采样的声音效果相当于 CD 声音的效果。

采样位数（振幅采样精度）即采样值或取样值，是用来衡量声音波动变化的一个参数，也是声卡的分辨率。它的数值越大，分辨率也就越高，发出声音的能力越强。计算机中配置的 16 位声卡的采样位数包括 8 位和 16 位两种。

声道数有单声道和立体声之分。单声道的声音只能使用一个扬声器发声（有的声卡也将单声道信息处理成两个扬声器同时输出），立体声的 WAV 可以使两个扬声器都发声（一般左、右声道有分工），这样听者更能感受到音频信息的空间效果。显然，双声道数据还原特性更接近人们的听觉习惯，但采集得到的数据量会增加 1 倍。

Balabolka 是一个文本转语音的程序，可以将屏幕上的文字保存为 WAV、MP3、OGG、WMA 等格式的音频文件。先简要介绍这些音频文件格式的特点。

WAV 文件格式是最常见的声音文件格式之一，是在 PC 上很常见的多媒体音频文件格式。WAV 文件最早于 1991 年 8 月出现在 Windows 3.1 操作系统上，文件扩展名为 .wav（WaveForm 的简写），WAV 格式是由微软公司和 IBM 公司联合设计的，经过多次修订，可用于 Windows、Mac、Linux 等多种操作系统。

WAV 的特点是真实记录自然声波形，基本无数据压缩，数据量大。

一般来说，由 WAV 文件还原而成的声音的音质取决于声音卡采样样本的尺寸，采样频率越高，音质就越好，但开销就越大，WAV 文件也就越大。

MP3 是一种音频压缩技术，其全称是动态影像专家压缩标准音频层面 3（Moving Picture Experts Group Audio Layer Ⅲ，MP3），它被设计用来大幅度降低音频数据量。利用 MPEG Audio Layer 3 的技术，将音乐以 1∶10 甚至 1∶12 的压缩率压缩成容量较小的文件，而对于大多数用户来说重放的音质与最初的不压缩音频相比没有明显的下降。它是在 1991 年由位于德国埃尔朗根的研究组织 Fraunhofer-Gesellschaft 的一组工程师发明和标准化的。用 MP3 形式存储的音乐称为 MP3 音乐,能播放 MP3 音乐的机器称为 MP3 播放器。

OGG 全称是 OGG Vorbis,是一种音频压缩格式,类似于 MP3 等的音乐格式,不同的是其完全免费、开放和没有专利限制。OGG Vorbis 有一个特点是支持多声道。

OGG Vorbis 文件的扩展名是.ogg。这种文件的设计格式是非常先进的。创建的 OGG 文件可以在未来的任何播放器上播放,因此这种文件格式可以不断地进行大小和音质的改良,而不影响旧有的编码器或播放器。

WMA(Windows Media Audio)是微软公司推出的与 MP3 格式齐名的一种新的音频格式。WMA 在压缩比和音质方面都超过了 MP3,即使在较低的采样频率下也能产生较好的音质。

一般使用 Windows Media Audio 编码格式的文件以.wma 作为扩展名,一些使用 Windows Media Audio 编码格式编码其所有内容的纯音频 ASF 文件也使用.wma 作为扩展名。

5.1.2 初识 Balabolka

Balabolka 基于微软的语音 API(SAPI)进行语音合成,合成时可以改变语音的参数,可以应用特殊的替代清单,以提高语音的清晰度质量。

Balabolka 启动后,界面如图 5-1-1 所示。

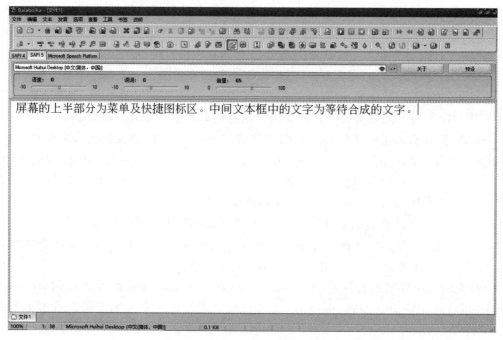

图 5-1-1　Balabolka 的启动界面

屏幕的上半部分为菜单及快捷图标区，中间文本框中的文字为等待合成的文字。

文本框和快捷图标之间的区域为合成参数选择设置区。当前设置：语音 API 版本为 SAPI5，用于合成的语音库为 Microsoft Huihui Desktop。

SAPI（The Microsoft Speech API）是操作系统提供的语音引擎，常用于语音识别（Speech Recognition）和语音合成（Speech Synthesis）应用程序的开发，支持多种语言的识别和朗读，包括英文、中文、日文等。

可单击"关于"按钮，进一步了解语音库，界面如图 5-1-2 所示。图中显示，该语音库为微软公司开发的简体中文女声语音库。

图 5-1-2　语音库介绍

还可滑动设置合成后的语音的语速、语调、音量等合成参数。如图 5-1-1 所示界面中，语速、语调正常，音量为最大音量的 65%。

如图 5-1-1 所示界面的最下方为合成状态显示栏。图中显示，当前语音库为 Microsoft Huihui Desktop。"1：38"的含义为第 1 行第 38 列。"0.1KB"表示当前文本转语音后大小为 0.1KB。100% 表示当前文字预览进度为 100%。

在如图 5-1-1 所示界面中，移动光标到文本的初始位置，单击 ▶ 按钮，可预览当前文本转语音后的效果，如图 5-1-3 所示。

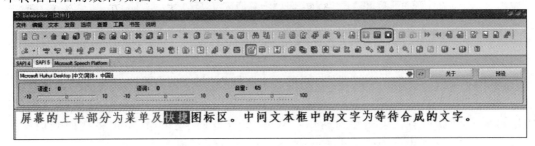

图 5-1-3　当前文本转语音的预览界面

▶按钮被单击后,暂停⏸和结束⏹按钮激活,文本区以 K 歌字幕方式同步展示预览效果。

可切换语音引擎 API 版本。单击 SAPI4,将语音引擎切换到 SAPI4,如图 5-1-4 所示。

图 5-1-4　当前文本转语音的预览界面

图 5-1-4 中显示,当前语音引擎下未安装用于合成的语音库。单击▶按钮,提示"请选择一个语音!"。

基于上面的分析,可得出利用 Balabolka 实现文本转语音的初步思路如下:

(1) 选择一个用于文本转语音的语音库。

(2) 文本区输入文本。

(3) 单击▶按钮预览效果,必要时修改文本。

(4) 选择文件菜单中的适当菜单项,导出相关语音文件。

5.1.3　Balabolka 更多功能介绍

为了更好地使用 Balabolka 合成语音,应进一步了解 Balabolka 的菜单及快捷图标。

图标区左上方的 12 个图标为"文件操作"图标区,如图 5-1-5 所示,对应"文件"菜单的前 12 个菜单项。"文件"菜单包括新建、打开、保存、另存为等常见操作,如图 5-1-6 所示。

图 5-1-5　"文件操作"快捷图标

Balabolka 的功能为文本转语音,涉及文本文档、音频文档两种类型的文档操作。

"文件"菜单中的新建、打开、保存、另存为等均是针对文本文档的操作。此外,Balabolka 还可执行对音频文件的操作。单击"保存音档"菜单项,系统将按照当前文本转语音的设置,将文本区中的文字直接存储为相对应的音频文件。单击"ID3 标签"菜单项,将为存储的音频文档设置作者等版权信息的标签。

选择"文件|ID3 标签"菜单命令，在随后出现的界面中勾选"设定 ID3 标签"，如图 5-1-7 所示。输入相关的作者及版权信息，单击"好的"按钮，保存信息。

Balabolka 还可将一个文本文件转换为多个音频文件。选择"文件|分割并转换为音档"菜单命令，在随后出现的界面中勾选"连续两个空行"，如图 5-1-8 所示。

系统将按照连续两个空行自动对文本进行分割。图中的文本转语音时，将分割为两个音频文档。

单击"分割"按钮，出现如图 5-1-9 所示界面。提示系统检测出的两个文档块，继续单击"分割"按钮，输出两个音频文档。

语音合成完成后，可单击"离开"按钮，关闭软件。

"文件操作"图标区右边的 9 个图标为"文本编辑"图

图 5-1-6 "文件"菜单

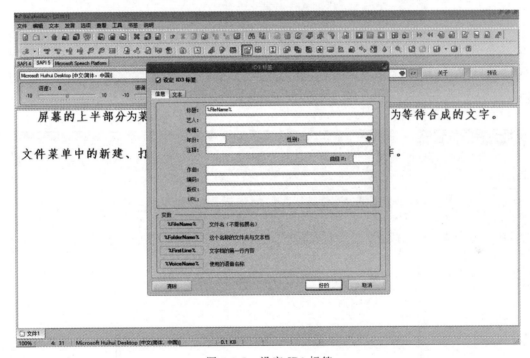

图 5-1-7 设定 ID3 标签

标区，如图 5-1-10 所示，对应"编辑"菜单的前 9 个菜单项。"编辑"菜单包括复制、粘贴、查找、替换等文本编辑操作的常见操作，如图 5-1-11 所示。

"文本编辑"图标区右边的 7 个图标为"文本设置"图标区，如图 5-1-12 所示，对应"文本"菜单的 7 个菜单项。"文本"菜单主要执行从语音合成角度设置文本的操作，如图 5-1-13 所示。

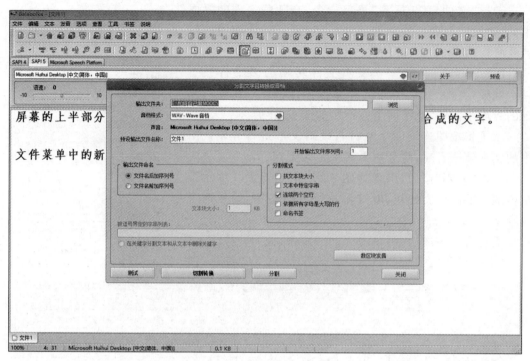

图 5-1-8　"分割并转换为音档"1

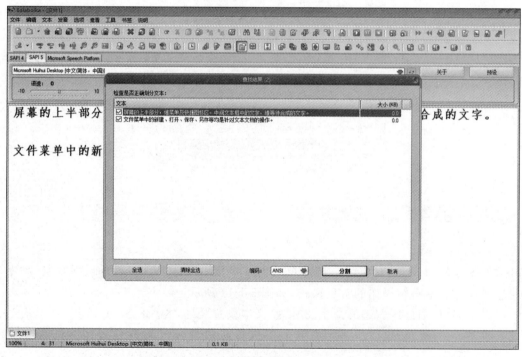

图 5-1-9　"分割并转换为音档"2

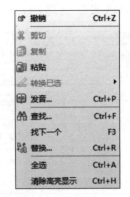

图 5-1-10　编辑操作快捷图标

图 5-1-11　"编辑"菜单

图 5-1-12　设置操作快捷图标

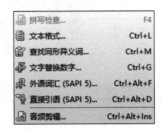

图 5-1-13　"文本"菜单

如"外语词汇"菜单项，可实现中文语音合成时，其中的英文用英文语音库合成。下面进入 Balabolka，具体演示"外语词汇"菜单的运用方法。初始文本如下：

"图中显示，当前语音库为 Microsoft Huihui Desktop。"

具体如图 5-1-14 所示。

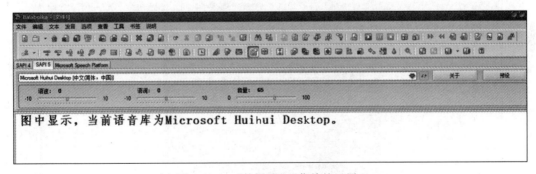

图 5-1-14　"外语词汇"菜单的运用 1

图 5-1-14 中显示，当前用于合成的语音库为 Microsoft Huihui Desktop。该语音库为针对中文简体文本的语音库，可单击预览 ▶ 按钮，用该中文语音库合成预览合成效果。预览效果显示，用该中文语音库合成英文文本时，并不具有纯正的英（美）式发音。

单击"外语词汇"菜单项,进入"为外语词汇朗读添加文语标签"面板,如图 5-1-15 所示。

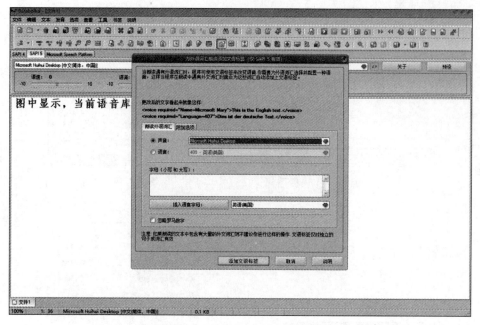

图 5-1-15 "外语词汇"菜单的运用 2

图 5-1-15 中,展开"声音"源合成库,选择设置外语词汇朗读声音库为 Microsoft Zira Desktop,设置"插入语言字母:"类型为"英语(美国)",单击"插入语言字母:"按钮,"添加文语标签"按钮被激活,如图 5-1-16 所示。

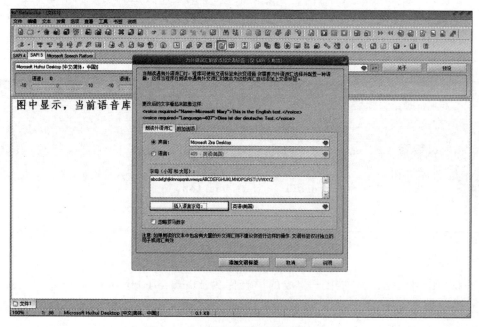

图 5-1-16 "外语词汇"菜单的运用 3

Balabolka 支持多种外国语言。当文本不是英文时，可展开"插入语言字母"类型下拉按钮，选择其他类型的语言。

单击"添加文语标签"按钮将标签添加到文本中，可以看到文本区的文字已经被添加了标签，如图 5-1-17 所示。

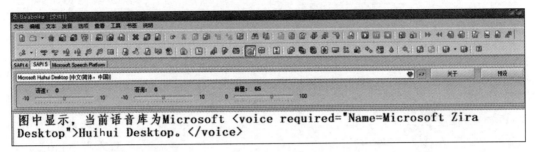

图 5-1-17 "外语词汇"菜单的运用 4

可单击"预览"按钮试听效果。预览效果显示，Microsoft 依旧是中文语音库合成的。

如图 5-1-17 中的文本区的文本：

图中显示，当前语音库为 Microsoft < voice required＝"Name＝Microsoft Zira Desktop"> Huihui Desktop。</ voice >。

其中的 Huihui Desktop，特别添加了标签，注明用 Microsoft Zira Desktop 合成。Microsoft 可以理解为英文中的中文，系统默认不添加标签。可将标签移动到 Microsoft 前面，文本区的具体设置如下：

图中显示，当前语音库为< voice required ＝ " Name ＝ Microsoft Zira Desktop" > Microsoft Huihui Desktop。</ voice >。

单击"预览"按钮试听效果。预览效果显示，Microsoft 也使用了 Microsoft Zira Desktop 合成，具有纯真的英（美）式发音。

了解了"外语词汇"菜单项后，下面继续介绍"音频剪辑"菜单项的运用方法。

"音频剪辑"菜单项可实现中文语音合成时，**其中的部分文字**，用另一个语音库合成。

下面尝试合成上面的这段文本，具体合成时，主体用 Microsoft Huihui Desktop 库合成，其中的斜体加粗部分，用 VW LiLy 库合成。

具体方法如下：

提前准备用 VW LiLy 库合成的斜体加粗部分的音频文件，如图 5-1-18 所示。

选择"文件|保存音档"菜单命令，如图 5-1-19 所示。

选择保存音档的目录为"D："，文件名为"1. mp3"。单击"保存"按钮，将文本保存为"D：\文件 1. mp3"。

修改文本区的文字为

"音频剪辑"菜单项可实现中文语音合成时，**其中的部分文字**，用另一个语音库合成。

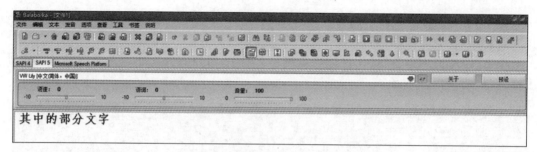

图 5-1-18　"音频剪辑"菜单的运用 1

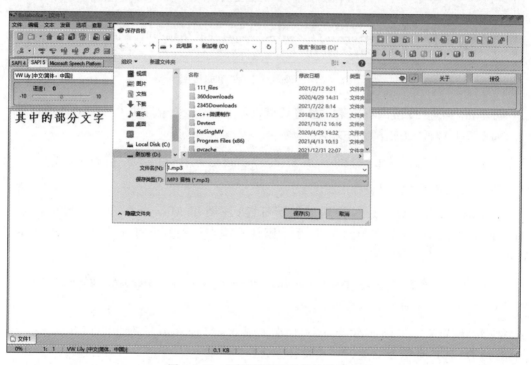

图 5-1-19　"音频剪辑"菜单的运用 2

设置用于合成的语音库为 Microsoft Huihui Desktop，如图 5-1-20 所示。

图 5-1-20　"音频剪辑"菜单的运用 3

用于合成的文本中,删除斜体加粗部分的文本。单击"音频剪辑"菜单项,选择音频文件"D:\文件1.mp3"并打开,如5-1-21所示。

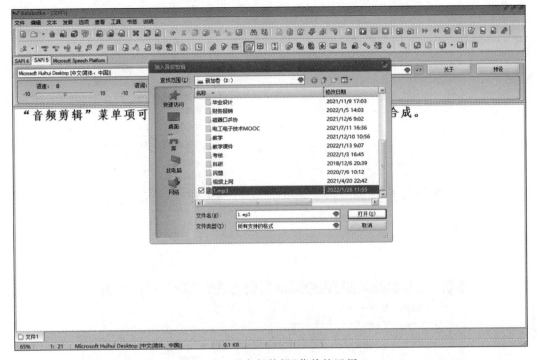

图 5-1-21 "音频剪辑"菜单的运用 4

单击"打开"按钮,"音频剪辑"标签被插入当前文字中,如5-1-22所示。

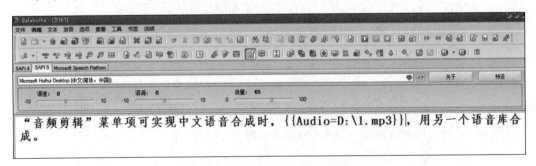

图 5-1-22 "音频剪辑"菜单的运用 5

试听效果显示,图5-1-20中的文本是用两个语音库合成的,效果独特。

"文本设置"图标区右边的9个图标为"发音操作"图标区,如图5-1-23所示。"发音操作"图标区对应发音菜单的前9个菜单项,"朗读""停止"等图标是最常用的快捷图标。可选择"朗读"图标预览合成效果,单击"停止"图标停止预览。

"发音"菜单右边的菜单为"选项"菜单,如图5-1-24所示。可通过"选项"菜单设定合成时的语速、语调、音量等基本合成参数,可选择"声音"菜单项设定用于合成的语音库。

图 5-1-23 "发音操作"图标区   图 5-1-24 "选项"菜单

选择"选项|音档"菜单命令,可设置音档的属性,如图 5-1-25 所示。

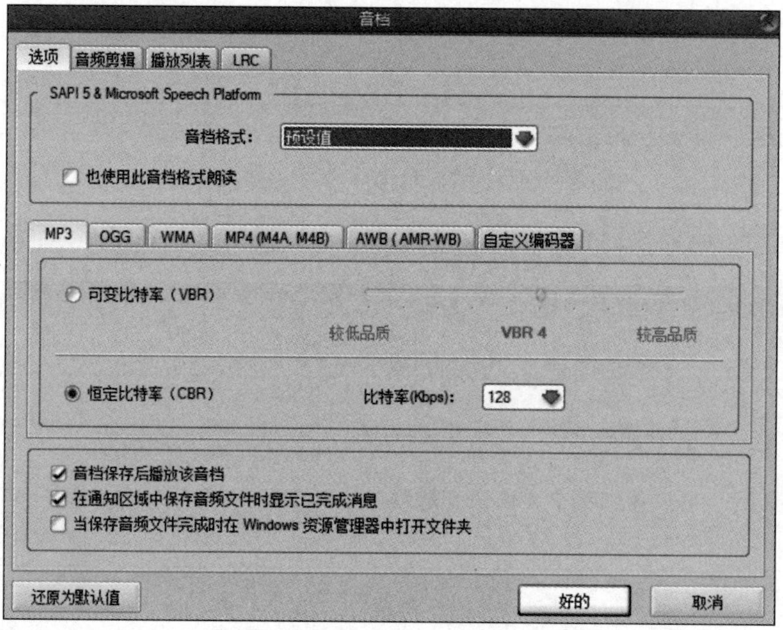

图 5-1-25 "音档|选项"选项卡

音档属性的任务对话框包括选项、音频剪辑、播放列表、LRC 四个选项卡。图中为音档属性的"选项"选项卡,可设置输出音档的选项。单击"音频剪辑"选项卡,可切换到"音频剪辑"选项卡,如图 5-1-26 所示。

图 5-1-26 中显示,当前的"音频剪辑"为添加完整路径。单击 LRC 选项卡,可切换到 LRC 选项卡,如图 5-1-27 所示。

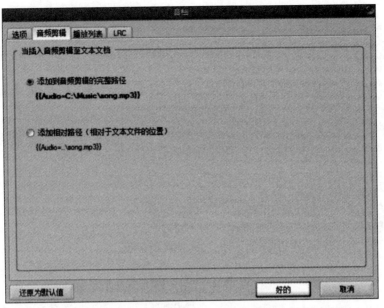

图 5-1-26　"音档|音频剪辑"选项卡

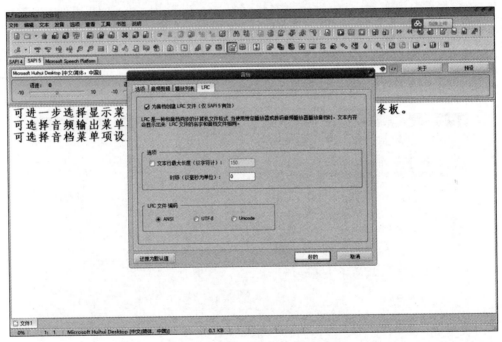

图 5-1-27　"音档|LRC"选项卡

　　LRC 是英文 lyric(歌词)的缩写,被用作歌词文件的扩展名。以.lrc 为扩展名的歌词文件可以在各类数码播放器中同步显示。LRC 文件是通过编辑器把歌词按歌曲歌词出现的时间编辑到一起,然后在播放歌曲时同步依次将歌词显示出来的,用记事本按照上述格式写好后,将扩展名改为.lrc 即可做出"文件名.lrc"的歌词文件。

Balabolka 可实现文本到语音的自动转换,在把文本导出成 MP3 声音文件的同时也能导出 LRC 文件,导出后用支持 LRC 的播放器播放 MP3 的时候 LRC 会被自动加载并显示出来。

图 5-1-27 中,勾选了"为音档创建 LRC 文件(仅 SAPI5 有效)"复选框,表示 Balabolka 将当前文本导出音档的同时,将导出相应的 LRC 文件。

单击"好的"按钮,保存设置后,选择"文件|保存音档"菜单命令,Balabolka 在输出文本对应音档文件的同时,将创建一个同名的 LRC 文档,如图 5-1-28 所示。

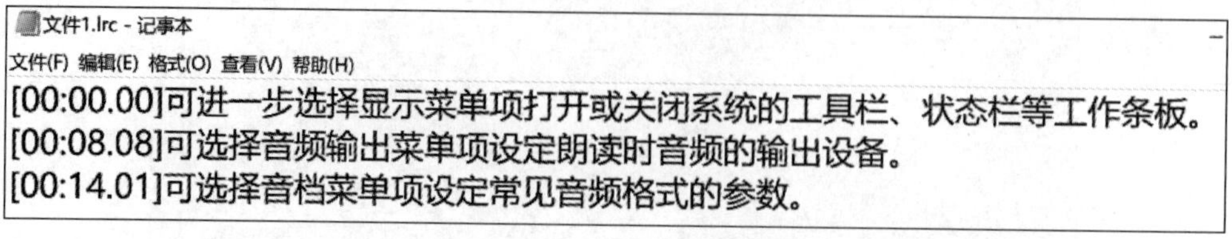

文件1.lrc - 记事本

文件(F) 编辑(E) 格式(O) 查看(V) 帮助(H)

[00:00.00]可进一步选择显示菜单项打开或关闭系统的工具栏、状态栏等工作条板。
[00:08.08]可选择音频输出菜单项设定朗读时音频的输出设备。
[00:14.01]可选择音档菜单项设定常见音频格式的参数。

图 5-1-28　LRC 文档内容

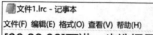

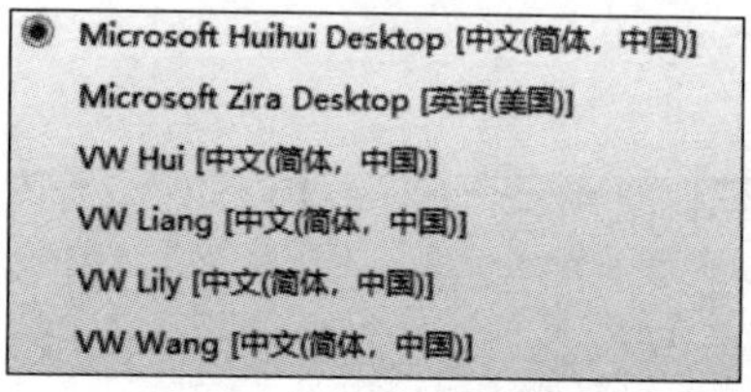

图 5-1-29　选项|声音

选择"选项|声音"菜单命令,可查看当前安装的语音库,如图 5-1-29 所示。图中显示,当前系统安装了 6 个语音库,当前使用的语音库为 Microsoft Huihui Desktop。

可选择"音频输出"菜单项设定朗读时音频的输出设备。可选择"设定"菜单项设定"热键"等参数的设置,"热键"选项卡界面如图 5-1-30 所示。

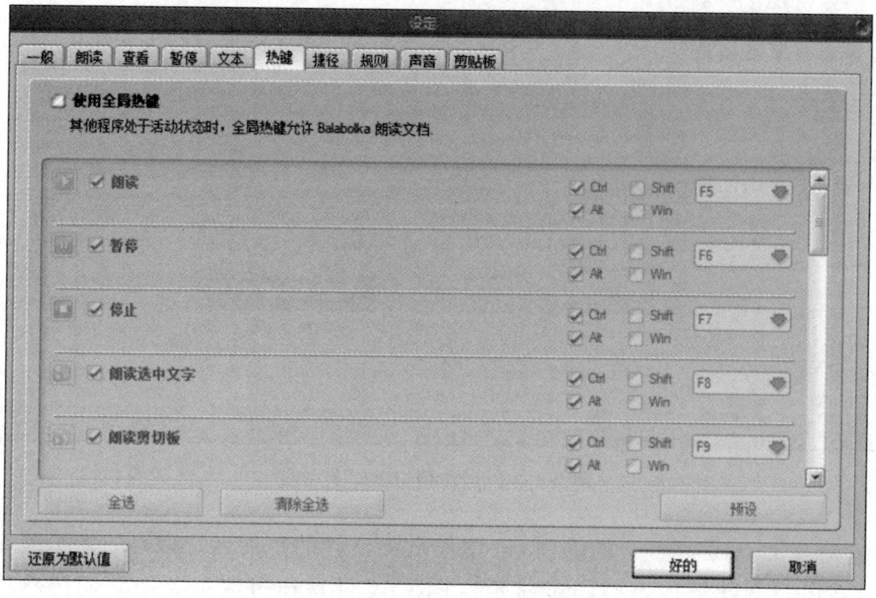

图 5-1-30　"选项|设定|热键"选项卡

可进一步设置剪贴板监视、默认语音、正音规则、文本处理与操作默认方法等。

"选项"菜单右边为"查看"菜单，如图 5-1-31 所示。可通过"查看"菜单设定系统的工作环境。

单击"语言"菜单项设定系统的语言环境。当前系统的语言环境为简体中文，单击"语言"菜单项设定系统的语言环境为英文。进一步单击"显示"菜单项打开或关闭系统的工具栏、状态栏等工作对话框。选择"增加字体大小"或"减小字体大小"等菜单项增加或减小用于合成的文字的字体大小。

"查看"菜单右边为"工具"菜单，如图 5-1-32 所示。

图 5-1-31　"查看"菜单

图 5-1-32　"工具"菜单

可通过"工具"菜单，利用系统提供的小工具提高语音合成的效率。如"字幕转换器"菜单项，可实现将字幕文件中的文本按照字幕文件设置的时间间隔直接存储为相应的音频这一功能。

下面以 SRT 字幕为例介绍字幕转换器的应用。

SRT(SubRip Text)是目前流行的文本字幕格式之一。SRT 格式字幕的单个字幕由"一句时间代码＋1 行文字"组成，制作修改相当简单。由两个字幕组成的字幕文件原始代码如图 5-1-33 所示。

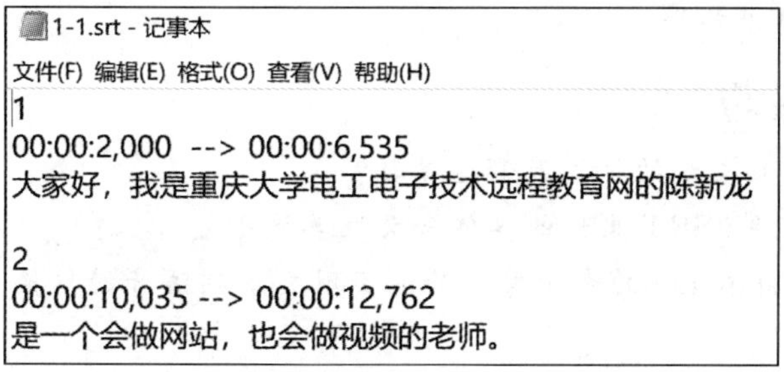

```
1-1.srt - 记事本
文件(F) 编辑(E) 格式(O) 查看(V) 帮助(H)
1
00:00:2,000  -->  00:00:6,535
大家好，我是重庆大学电工电子技术远程教育网的陈新龙

2
00:00:10,035 --> 00:00:12,762
是一个会做网站，也会做视频的老师。
```

图 5-1-33　SRT 代码

单个字幕的时间代码由开始时间、结束时间组成。每个时间包括时、分、秒、毫秒四部分。

第一个字幕从第 2 秒开始播放。第二个字幕大约从第 10 秒开始播放。

字幕文件制作好后,单击"字幕转换器"菜单项,出现如图 5-1-34 所示界面。

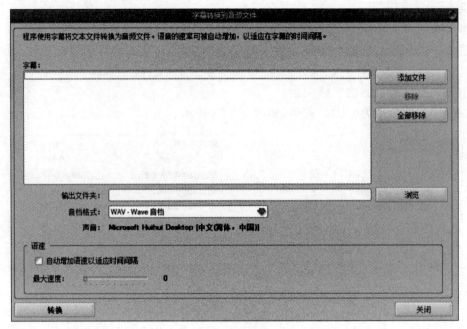

图 5-1-34　字幕转换器

单击"添加文件"按钮,将刚才制作好的字幕文件添加到转换器中,设置输出文件夹及输出音档格式,单击转换完成转换。

基于上面介绍的各菜单的功能,可总结利用 Balabolka 实现文语转换的步骤如下:

(1) 输入文本。

(2) 朗读文本试听效果。

(3) 根据试听效果,适当修改文本。

(4) 再次试听效果。

(5) 保存音档完成转换。

思考与练习

5.1.1　数字音频文档的主要有哪些参数?

5.1.2　LRC 文件、SRT 文件的具体含义及其区别是什么?

5.1.3　利用 Balabolka 的音频剪辑功能实现文本到语音的转换有哪些基本步骤?

5.2　利用 Balabolka 制作慕课 PPT 的音频旁白

视频

学习完 Balabolka 的基础知识之后,下面介绍利用 Balabolka 制作慕课 PPT 的音频旁白。

依照前面介绍的文语转换的步骤，要实现文语转换，首先应准备与音频旁白相对应的文本。

音频旁白是与相应的 PPT 配套的，录制前可先浏览关于"音频剪辑"菜单项的使用方法的 PPT。该知识点的 PPT 共有两张，为节省时间，仅制作第一张 PPT 的旁白，先浏览教学 PPT 的播放效果，如图 5-2-1 所示。

图 5-2-1　教学 PPT 的播放效果

为了提高微课视频的录制效率，分两步录制微课视频。录制音频旁白的时候，可以不考虑幻灯片的具体效果。当然，设计音频旁白录制思路时，还是应该参考幻灯片的。参考 PPT 的播放效果，设计该 PPT 音频旁白的脚本文字如下：

了解了"外语词汇"菜单项后，我们来继续介绍"音频剪辑"菜单项的运用方法。"音频剪辑"菜单项可实现中文语音合成时，**其中的部分文字**，用另一个语音库合成。

如屏幕上的这段话，我们主体用 Microsoft Huihui Desktop 库合成，其中的颜色为红色的文字部分，用 VW LiLy 库合成。

基于上面的脚本，可这样设计音频旁白录制思路：

主体用 Microsoft Huihui Desktop 库合成，脚本中的英文用英文语音库合成，脚本中的斜体加粗的文字部分用 VW LiLy 库合成。

下面进入 Balabolka，具体演示实现方法。

先准备脚本中用 VW LiLy 库合成的斜体加粗的文字部分的音频文件。

文本区输入相关的文字，设置用于合成的语音库为 VW LiLy，如图 5-2-2 所示。

在如图 5-2-2 所示界面中，选择"文件|保存音档"菜单命令，在随后出现的对话框中，选择存储目录为"D:\"，输入文件名"文件 1. mp3"，如图 5-2-3 所示。

单击"保存"按钮，将音档文件存储为"D:\文件 1. mp3"，完成脚本中用 VW LiLy 库合成的斜体加粗的文字部分的音频文件的制作。

设置用于合成的语音库为 Microsoft Huihui Desktop，将 PPT 音频旁白的脚本文字复制到文本区，如图 5-2-4 所示。

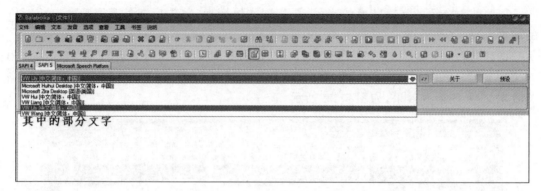

图 5-2-2　音频旁白的录制 1

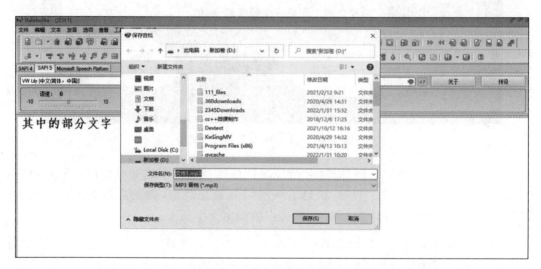

图 5-2-3　音频旁白的录制 2

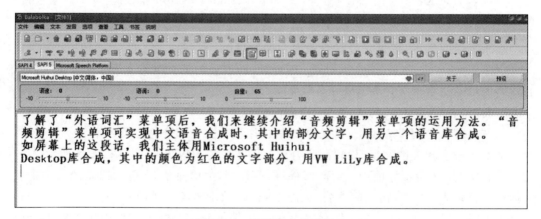

图 5-2-4　音频旁白的录制 3

　　编辑文本,删除"其中的部分文字"等文字。选择"文本|音频剪辑"菜单命令,选择音频文件"D:\文件 1.mp3"并打开,"音频剪辑"标签插入到刚才被删除的区域,如图 5-2-5 所示。

图 5-2-5　音频旁白的录制 4

选择"文本|外语词汇"菜单命令,进入"为外语词汇朗读添加文语标签"面板,设置外语词汇朗读声音库为 Microsoft Zira Desktop,设置语言类型为英语,单击"插入语言字母:","添加文语标签"按钮被激活,如图 5-2-6 所示。

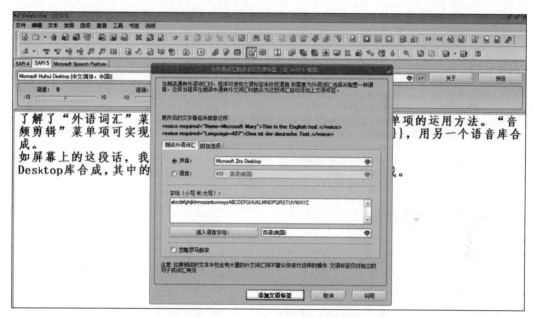

图 5-2-6　音频旁白的录制 5

单击"添加文语标签"按钮,将标签添加到文本中,可以看到文本区的 Huihui Desktop、Lily 均已经被添加了标签,如图 5-2-7 所示。

可以将 Microsoft 理解为英文中的中文,系统默认不添加标签。可将标签移动到 Microsoft 之前,如图 5-2-8 所示。

可单击"预览"按钮试听效果。获得满意的效果后,选择"文件|保存音档"菜单命令,输出我们的合成成果。

图 5-2-7 音频旁白的录制 6

了解了"外语词汇"菜单项后,我们来继续介绍"音频剪辑"菜单项的运用方法。"音频剪辑"菜单项可实现中文语音合成时,{{Audio=D:\文件1.mp3}},用另一个语音库合成。
如屏幕上的这段话,我们主体用<voice required="Name=Microsoft Zira Desktop">Microsoft Huihui Desktop</voice>库合成,其中的颜色为红色的文字部分,用VW <voice required="Name=Microsoft Zira Desktop">LiLy</voice>库合成。

图 5-2-8 音频旁白的录制 7

思考与练习

5.2.1 设计并录制下面脚本的音频文档,脚本内容如下:

选择"外语词汇"菜单项,进入"为外语词汇朗读添加文语标签"面板,展开"声音"源合成库,选择设置外语词汇朗读声音库为 Microsoft Zira Desktop,设置"插入语言字母:"类型为"英语(美国)",单击"插入语言字母:","添加文语标签"按钮被激活。

视频

5.3 利用 Balabolka 结合 OFFICE MIX 制作本征激发片段视频

了解了如何利用 Balabolka 合成制作 PPT 的音频旁白之后,下面结合 OFFICE MIX 具体制作一个微课视频片段——制作引言中本征激发片段视频。

利用 OFFICE MIX 录制微课视频包括录制 PPT 的旁白、录制播放计时及墨迹两个步骤。旁白采用 Balabolka 合成,无需个人录制,只需准备好相关的文本即可。

该片段音频旁白的脚本文字如下：

本征半导体结构如图所示。在热力学温度零开（－273.16℃）时，所有价电子被共价键束缚，本征半导体没有自由电子，因此不能导电。

常温下，本征半导体中的少量价电子可能获得足够的能量，摆脱共价键的束缚，成为自由电子，这种现象称为本征激发。

少量的价电子成为自由电子后，同时在原来的共价键中留下一个空位，称为"空穴"。

显然，多人语音旁白具有更好的感染力，可这样设计音频旁白录制思路：主体用 Microsoft Huihui Desktop 库合成，脚本中关于本征激发的定义部分（斜体加粗部分）用 VW LiLy 库合成。

下面进入 Balabolka，具体实现用作 PPT 旁白的音频文档。

启动 Balabolka，文本区输入本征激发的定义部分的文字，设置用于合成的语音库为 VW LiLy，如图 5-3-1 所示。

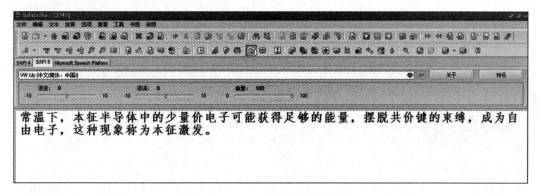

图 5-3-1　PPT 旁白音频文档制作 1

在如图 5-3-1 所示界面中，选择"文件|保存音档"菜单命令，在随后出现的对话框中，选择存储目录为"D:\"，输入文件名"文件 1.mp3"，如图 5-3-2 所示。

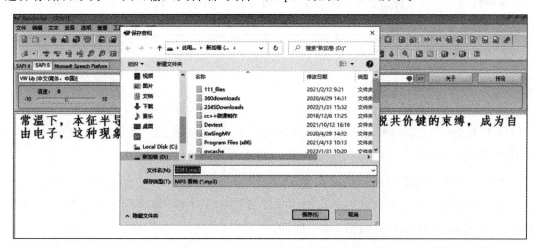

图 5-3-2　PPT 旁白音频文档制作 2

在如图 5-3-2 所示界面中，单击"保存"按钮，将音档文件存储为"D:\文件 1. mp3"，完成脚本中用 VW LiLy 库合成的斜体加粗的文字部分的音频文件的制作。

设置用于合成的语音库为 Microsoft Huihui Desktop，将音频旁白的脚本文字复制到文本区。编辑文本，删除"本征激发的定义部分的文字"，如图 5-3-3 所示。

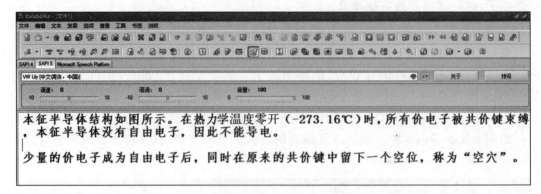

图 5-3-3　PPT 旁白音频文档制作 3

选择"文本|音频剪辑"菜单命令，选择音频文件"D:\文件 1. mp3"并打开，"音频剪辑"标签插入刚才被删除的区域，如图 5-3-4 所示。

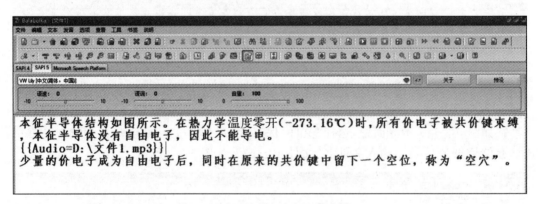

图 5-3-4　PPT 旁白音频文档制作 4

单击"预览"按钮，试听效果。

试听的效果不理想，可删除 −273.16℃ 旁边的右括号，如图 5-3-5 所示。

用于 Balabolka 合成的文本准备好后，可进一步录制播放计时及墨迹。录制前，先浏览 PPT 的效果。

下面具体演示播放计时及墨迹的录制。

进入 Balabolka，将准备好的旁白脚本文字复制到文本区，设置用于合成的语音库为 Microsoft Huihui Desktop，如图 5-3-5 所示。

回到需要录制计时及墨迹的 PPT 中，如图 5-3-6 所示。

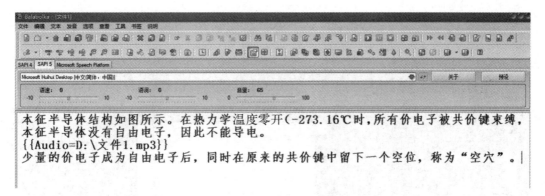

图 5-3-5　PPT 旁白音频文档制作 5

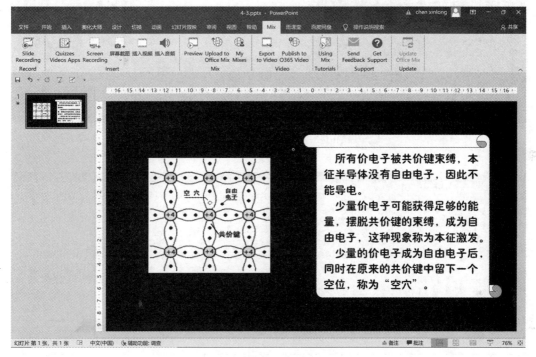

图 5-3-6　计时及墨迹录制 1

选择 Mix|Slide Recording 菜单命令,进入录制界面。设置好墨迹颜色、笔型、录制设备及方式等,如图 5-3-7 所示。

切换到 Balabolka,将光标移动到文本的开始处,如图 5-3-8 所示。

最小化 Balabolka 窗口,如图 5-3-9 所示。

在如图 5-3-9 所示界面中,出现了 Balabolka 的浮动任务栏,包括播放、暂停、停止等常用控制按钮。

单击 Record 图标开始录制,如图 5-3-10 所示。

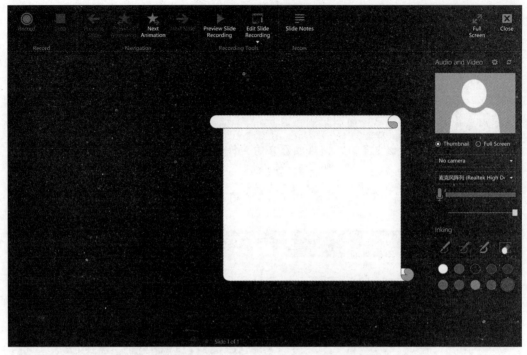

图 5-3-7　计时及墨迹录制 2

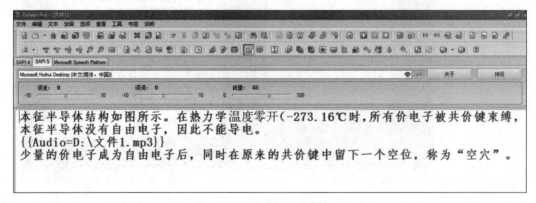

图 5-3-8　计时及墨迹录制 3

在如图 5-3-10 所示界面中,单击 Balabolka 的浮动任务栏中的"播放"按钮,播放 PPT 配套的音频旁白。

伴随着语音旁白的进程,同步播放 PPT、书写墨迹,参考界面如图 5-3-11 所示。

也可快速切换到 Balabolka 窗口,朗读先前准备好的旁白脚本文字;之后,立即切换到 PPT 录制界面。之后,同步播放 PPT、书写墨迹等。

语音旁白播放完成后,单击"停止"图标完成计时及墨迹的录制。

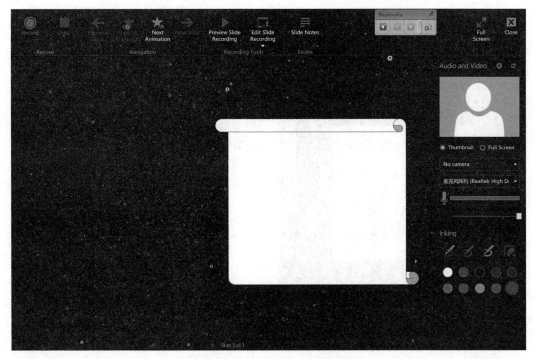

图 5-3-9　计时及墨迹录制 4

图 5-3-10　计时及墨迹录制 5

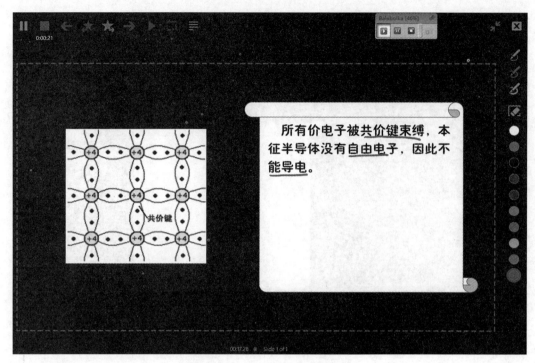

图 5-3-11　计时及墨迹录制 6

习题

1. 设计并录制下面脚本的音频文档,脚本内容如下:

如图 4-1-7 所示界面的下方有四个按钮。可选择 Load Image from PC,从计算机中装入图像并插入当前幻灯片中。还可选择 Add To Library,将计算机中的图像文件夹加入库中。

选择 Text 图标,将进入当前幻灯片插入文本任务对话框,如图 4-1-8 所示。在文本框中输入需要插入的文本,适当设置文本的字体、字形及字号,之后,可单击 OK 按钮,将文本插入当前幻灯片中。

2. 设计并录制下面脚本的音频文档,脚本内容如下:

图 4-1-20 中,时间线上的绳索图像背景为浅灰色,有边框,为时间轴上被选中的元素。可单击 Play from here 按钮,预览从当前元素开始的手绘效果。可单击 Bring to canvas 按钮,将选中的当前元素移动到画布中心。若当前元素位于画布以外的灰色区域,可通过这个方法,快速将位于画布以外的元素移动到画布中心。

可单击 Properties,设置当前元素的具体手绘效果,参考效果如图 4-1-21 所示。

3. 利用 ESP 结合 Balabolka 完成第 4 章习题 1 的制作。

第6章

微课进阶利器3：卡通交互

PPT

视频

卡通交互在微课制作领域应用十分广泛,利用语音驱动卡通图像,可有效提升微课视频的感染力。

6.1 影像音频驱动软件 CrazyTalk 简介

CrazyTalk 是一款影像声音自动驱动软件,通过 CrazyTalk 软件,只需要一张普通的照片就能制作出人说话时的口型动画。在生成的口型动画中,除了嘴巴会跟着语音开合之外,眼睛、面部肌肉等也都会跟着动,非常自然。

6.1.1 CrazyTalk 的界面简介

CrazyTalk 在微课制作领域应用十分广泛,本章中的卡通交互场景均是利用 CrazyTalk 制作。

CrazyTalk 启动欢迎界面如图 6-1-1 所示。

图 6-1-1　CrazyTalk 启动欢迎界面

CrazyTalk 启动后,将出现一个注册提醒界面,如图 6-1-2 所示。单击"不要,谢谢。"按钮。

图 6-1-2　CrazyTalk 启动界面

CrazyTalk 启动并加载项目后的界面如图 6-1-3 所示。

图 6-1-3　CrazyTalk 加载项目后的界面

最上面为主菜单区，包括除时间轴命令外的所有命令。动画本质上是帧动画，是由若干幅图像按照固定的时间间隔先后播放形成的效果。组成动画的每幅图像便是帧，所有图像帧在时间轴上有效组织便形成动画。

CrazyTalk 是口型动画制作工具，把每个口型动画的实现方案称为一个项目。右边的区域为内容管理员任务面板，其中的灰色底纹的管理员为当前项目中使用的管理员。如图 6-1-3 所示界面中包括 8 个内容管理员，可单击选择系统提供的具体项目内容用于口型动画的制作。

中间的"怒发"形象的老人为角色预览窗口。用于口型动画制作的角色可以是任意图像，该窗口的角色对应内容管理员面板的第一个项目的内容。可直接双击第一个项目的图标将该项目装入系统中。如图 6-1-3 所示界面便是 CrazyTalk 启动后，双击第一个管理员后的界面截图。

主菜单区下面为快捷工具图标区。角色预览窗口左上角为角色编辑工具列。

最下方的区域为时间轴，可通过时间轴实现对项目的更多调整。如图 6-1-3 所示界面仅显示了时间轴上的"播放"面板，隐藏了时间轴的其他功能区。

"播放"面板的一个参考实例如图 6-1-4 所示，图中：

1——播放头；

2——音量调整；

3——跳到前一帧；

4——跳到开始帧；

5——播放按钮；

6——停止按钮；

7——跳到后一帧；

8——跳到结束帧；

9——循环开启/关闭；

10——当前帧所处的时间；

11——显示时间轴；

12——12 背景音乐音量；

13——播放/输出范围。

图 6-1-4　"播放"面板的参考实例

如图 6-1-4 的当前帧的时间为 0.0 秒,如图 6-1-3 所示的当前帧的时间为 4.3 秒。如图 6-1-3 的输出起始帧为项目的开始处,结束帧为结束处。通过比较如图 6-1-3 的起始帧与结束帧可以判断出,如图 6-1-3 所示的口型动画的持续时间只有 10 多秒。如图 6-1-4 所示的输出结束帧为结束处,起始帧为临近项目的结束处。可拖曳红色小三角形决定播放或输出的范围。

可单击"播放"面板中 10 旁边的时间设置按钮,进入时间设置窗口,具体如图 6-1-5 所示。当前时间轴设置方案为:30 帧/秒,共 423 帧,当前口型动画的持续时间为 14.1 秒。如果想制作出持续时间为 60 秒的口型动画,可设置总帧数为 1800 帧。

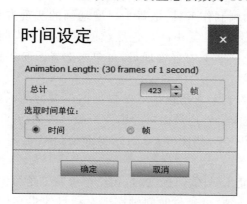

图 6-1-5　时间设定

如图 6-1-3 中,时间轴处于隐藏状态。单击"播放"面板上的按钮 11,可显示完整的时间轴,如图 6-1-6 所示。

"播放"面板下方为时间轴控制快捷图标区,放大图如图 6-1-7 所示。

最左边的 4 个图标为"声音编辑控制"图标区。4 个图标依次为变声工具、背景音乐

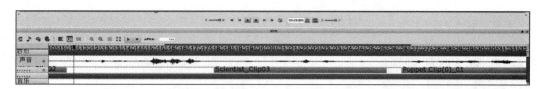

图 6-1-6　时间轴 1

图 6-1-7　时间轴 2

设定、唇形同步、脸部关键帧编辑器。

变声工具用于对驱动口型的语音信号的变声处理。单击"变声工具"快捷图标,将弹出"变声工具"对话框,如图 6-1-8 所示。单击"预览"按钮,试听效果,满意后单击"套用"按钮,将变声效果应用到项目中。

背景音乐设定用于添加对驱动口型的语音信号的背景音乐。单击"背景音乐设定"快捷图标,将弹出"背景音乐设定"对话框,如图 6-1-9 所示。当前项目未添加背景音乐,如图 6-1-6 所示时间轴上的音乐轨道也是没有数据的。可单击"打开"菜单,为驱动口型的语音信号添加背景音乐。

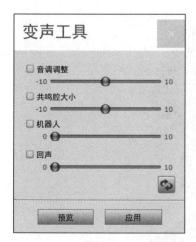

图 6-1-8　"变声工具"对话框

图 6-1-9　"背景音乐设定"对话框

唇形同步、脸部关键帧编辑器可实现对口型动画效果的进一步调整。"唇形同步"对话框如图 6-1-10 所示,"脸部关键帧编辑器"对话框如图 6-1-11 所示。

CrazyTalk 具有影像声音自动驱动的功能,图像中的唇形会跟随声音的变化自动智能同步。当然,CrazyTalk 也提供了手动调整的功能,可单击"唇形同步"图标对同步的唇形手动调整。

如图 6-1-6 所示时间轴中,单击声音轨道旁边的展开 声音 按钮,进一步展开唇形同步效果轨道,如图 6-1-12 所示。

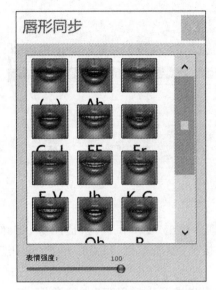

图 6-1-10 "唇形同步"对话框

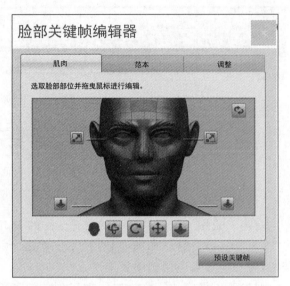

图 6-1-11 "脸部关键帧编辑器"对话框

图 6-1-12 时间轴唇形同步 1

图 6-1-12 中显示,当前帧没有唇形同步效果。预览窗口中,老人的嘴也是闭合的。时间轴上,该时间段的音频信号幅度为 0,唇形同步效果设置正确。

　　也可双击选择具体的唇形同步效果应用到当前口型动画中。如图 6-1-12 所示界面中，单击唇形同步工具 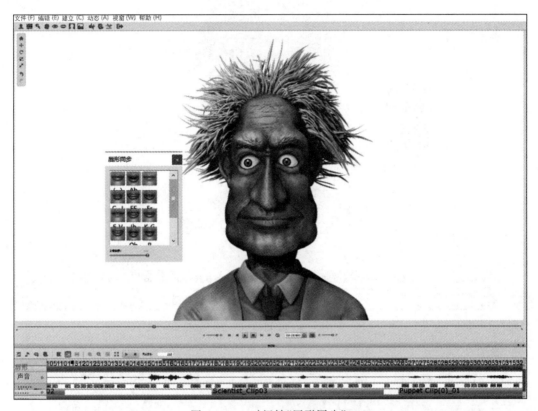，出现如图 6-1-13 所示界面。

　　如图 6-1-13 所示"唇形同步"对话框中，单击第 8 个唇形同步效果，出现如图 6-1-14 所示界面。

图 6-1-13　时间轴"唇形同步"2

　　图 6-1-14 中的唇形同步效果为"lh"，嘴巴微微张开。预览窗口中，老人的嘴也是微微张开的。时间轴上已经有了相应的唇形同步效果。图 6-1-13 和图 6-1-14 局部放大对照如图 6-1-15 所示。

　　CrazyTalk 的影像声音自动驱动的功能也支持面部表情的自动驱动，将跟随语音节奏自动设置面部表情状态。当然，CrazyTalk 还可应用一些特殊的面部表情效果，可利用脸部关键帧编辑器进行设置。

　　如图 6-1-14 所示界面中，单击脸部关键帧编辑器，出现如图 6-1-16 所示界面。

　　图 6-1-16 中提示，"若要启动脸部关键帧编辑器，请先从内容管理员套用动作片段，或使用脸偶操控方式录制自动动作片段。"从如图 6-1-16 所示时间轴可看出，当前帧时间轴上并未套用动作片段。

　　可单击动作片段块的播放小图标 展开该板块，选择具体的动作块对应的动作进行调整。如图 6-1-16 的动作片段时间轴展开效果如图 6-1-17 所示。

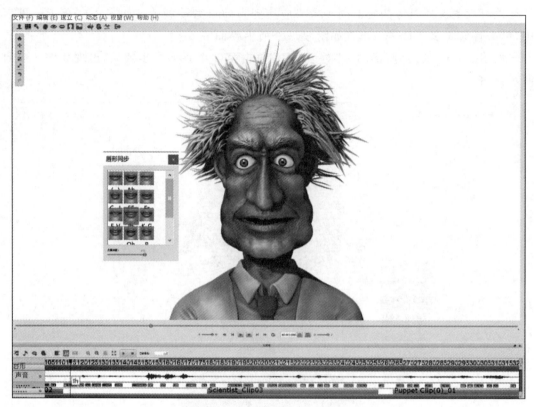

图 6-1-14　时间轴唇形同步 3

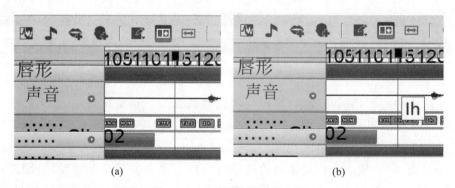

(a)　　　　　　　　　　　(b)

图 6-1-15　时间轴唇形同步 4

　　图 6-1-17 中显示，时间轴上的当前位置并未设置头部、脸部等任何动作。可双击"内容管理员"中预置的动作效果，添加具体的动作。如图 6-1-16 所示界面中，双击"内容管理员"中的 Kissing，系统将给当前项目的当前时间段的时间轴添加 Kissing 效果，时间轴参考效果如图 6-1-18 所示。

　　对照图 6-1-17 和图 6-1-18 的时间轴可以发现，图 6-1-18 中的当前时间段的时间轴上已经有了具体内容。

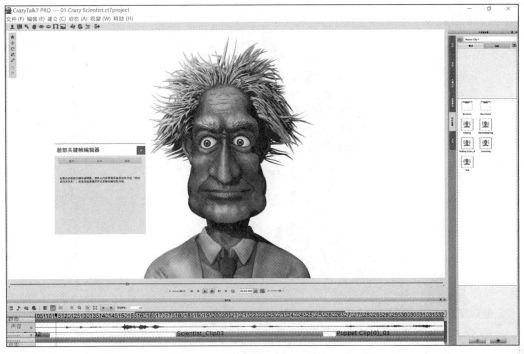

图 6-1-16　脸部关键帧编辑器 1

图 6-1-17　脸部关键帧编辑器 2

图 6-1-18　脸部关键帧编辑器 3

　　单击脸部关键帧编辑器 ![icon]，系统弹出"脸部关键帧编辑器"对话框后,也可选择具体的动作片段,具体设置该动作片段。如双击 Scientist Clip_01,将进入该动作片段的设置对话框,如图 6-1-19 所示。

　　可进一步单击"调整"按钮,具体设置该动作,如图 6-1-20 所示。

　　还可通过时间轴设置自动动态。如图 6-1-20 所示界面中,双击时间轴上的自动动态,将进入自动动态设定窗口,同时激活"内容管理员"窗口中的自动动态模板,如图 6-1-21 所示。

图 6-1-19　脸部关键帧编辑 4

图 6-1-20　脸部关键帧编辑 5

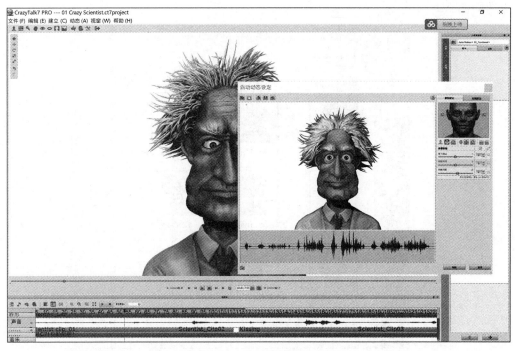

图 6-1-21　脸部关键帧编辑 6

　　自动动态主要是设定演员的上下、左右、前后的移动属性等参数。图中，设定了演员的前后移动属性值为 15，演员在表演口型动画时，将同步进行前移或后移。

　　口型动画从实现原理上讲非常复杂，不过这个软件的启动欢迎界面上声音自动驱动影像，当导入图片、导入声音后，它将根据语音自动智能设置。

　　当通过系统输入图像后，可自动进行脸谱的识别，之后，自动设置动作片段及自动动态。这也是自动动态的原始含义。

　　若要实现独特的效果，适当进行调整是很有必要的。在很多场合下需要使用非常规的脸谱，对于非常规的脸谱，系统进行的自动识别也需要进行非常细致的修正。

6.1.2　CrazyTalk 的菜单

　　对口型动画进行的调整与修正主要基于菜单命令进行，在进一步介绍 CrazyTalk 的具体使用方法前，先介绍 CrazyTalk 的菜单功能。

　　主菜单区的第一个菜单为"文件"菜单，单击可展开该菜单，具体如图 6-1-22 所示。

　　理解"文件"菜单，首先应理解演员、角色、项目、脚本等基础概念。可结合内容管理员任务面板来理解演员、角色、项目、脚本等概念。CrazyTalk 的内容管理员面板

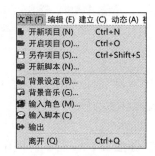

图 6-1-22　"档案"菜单

放大图如图 6-1-23 所示。

图 6-1-23　内容管理员

演员是用于口型动画制作的原始图像,角色可理解为在舞台演出的演员。如图 6-1-3 所示界面中,内容管理员中包括了 8 个演员的预置项目。预览窗口中的老人是走上舞台演出的角色。

基于时间轴、内容管理员的实际效果,可总结实现口型动画的项目的含义是专门针对具体图片(即演员)的口型动画实现方案,由演员、声音、自动动态、动作片段、背景及声音驱动的唇形等组成。

在内容管理员中,驱动唇形的声音称为声音脚本,时间轴上唇形、声音、动作片段、自动动态、音乐的具体内容统一用脚本来描述。

"内容管理员"面板中的文字为竖排文字,将任务面板旋转 90°,效果如图 6-1-24 所示。可见,"内容管理员"面板包括项目、演员、声音脚本、自动动态、动作片段、背景 6 个选项。

图 6-1-24　"内容管理员"面板

"项目"面板如图 6-1-23 所示,包括 8 个可供选择的项目,可选择某个具体的项目快速实现口型动画。

如图 6-1-23 所示界面中,单击"演员"菜单项,可将"内容管理员"面板切换到"演员"面板,如图 6-1-25 所示。图中,包括 01_Model(模型)、02_Eye(眼睛)、03_Teeth(牙齿)三个文件夹。

双击 Model 文件夹，将进入口型动画中的"演员模型选择"面板，如图 6-1-26 所示。系统预置了 6 个演员模型，可选择 6 个演员中的 1 个替换舞台上的演员。这只是替换了口型动画中的具体图片演员，驱动图片的声音脚本并不会被替换。

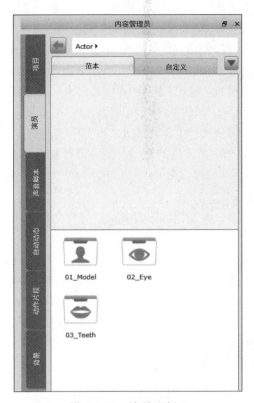
图 6-1-25　演员面板 1

图 6-1-26　演员面板 2

还可双击 02_Eye、03_Teeth 文件夹，选择具体的眼睛、牙齿的模型，替换舞台上演员的眼睛、牙齿。

如图 6-1-25 所示界面中，双击 02_Eye 文件夹，出现如图 6-1-27 所示界面。图中，包括 Animal（动物）、Human（人）两个文件夹，可双击其中的某个文件夹选择具体的动物或人的眼睛。双击 Human 文件夹，出现如图 6-1-28 所示界面。

如图 6-1-28 所示界面中，双击 W-cosmetic-03（女性美容类 3），出现如图 6-1-29 所示界面。图中，白发老人的白色的眉毛下方长出了美丽动人的黑色眼睫毛。

可参考眼睛设置的方法，进一步设置角色的牙齿。

下面回到"文件"菜单，具体介绍该菜单的功能。

前三个菜单项完成项目的新建、打开、另存项目文件的操作。单击"开新脚本"菜单项将清除时间轴上所有的脚本。此时，口型动画的实际效果相当于一张静止的图像。

"背景设定"菜单项可实现对舞台背景的设定。单击"背景设定"菜单项，将弹出"背景设定"面板，如图 6-1-30 所示。

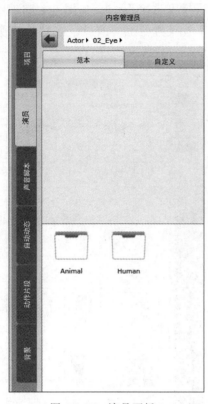

图 6-1-27　演员面板 3

如图 6-1-29 所示的舞台背景为白色,可设置舞台背景为其他颜色。如设定背景颜色为紫色,参考舞台效果如图 6-1-31 所示。

单击"输入角色"菜单项可将外部角色文档直接导入舞台。当选择"输入脚本"菜单项时,可将外部脚本文档导入时间轴。

口型动画制作完成后,可单击"输出"菜单项或单击"输出"快捷图标进入"口型动画导出"窗口,如图 6-1-32 所示。

对照图 6-1-3,图中的"预览"窗口中的部分区域增加了灰色的底纹,表示该区域的内容实际并不导出,实际的导出内容为图中方框里的内容。

图 6-1-32 中,选择输出媒体类为视频,格式为 WMV 格式,可单击下拉图标进一步选择其他类型的视频格式输出,如图 6-1-33 所示。

视频输出格式确定好后,可进一步设置输出画面的尺寸,图中设置为 1280×720,可单击下拉图标进一步选择其他的画面尺寸,如图 6-1-34 所示。

图 6-1-28　设置角色眼睛 1

图 6-1-29　设置角色眼睛 2

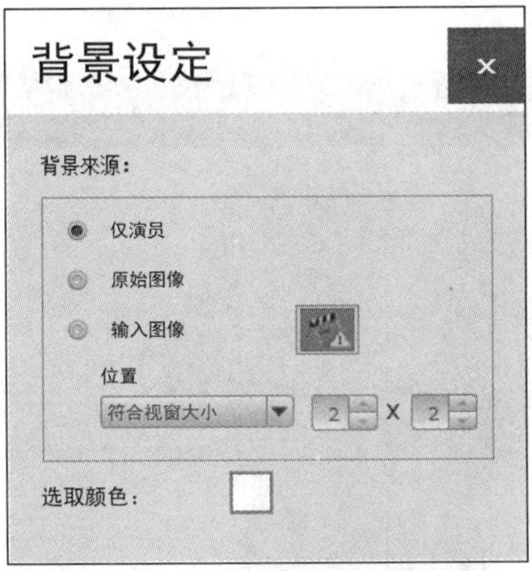

图 6-1-30　背景设定 1

　　还可进一步设置视频及音频的质量，图 6-1-32～图 6-1-34 均设为最高质量。

　　还可指定时间轴的输出范围。图 6-1-32 设置的输出范围为全部，表示输出当前时间轴上的所有内容。图 6-1-33 和图 6-1-34 设置的输出范围为"范围"，具体范围为"1～333"，表示仅输出当前时间轴上第 1～333 帧的内容。

　　设置完成后，可单击"输出"按钮，导出我们的成果。

　　"文件"菜单旁边为"编辑"菜单，具体内容如图 6-1-35 所示。

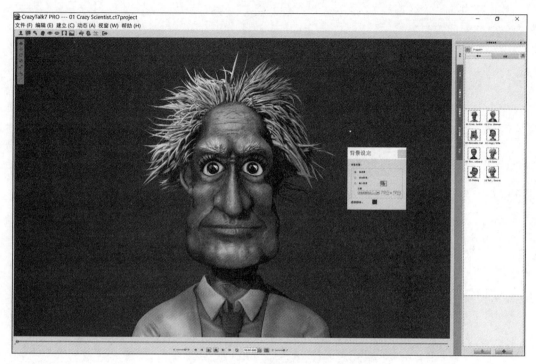

图 6-1-31　背景设定 2

图 6-1-32　口型动画导出 1

图 6-1-33　口型动画导出 2　　　　图 6-1-34　口型动画导出 3

"编辑"菜单包括"复原""重做""移动""旋转""缩放""原点"6 个菜单项。

如图 6-1-35 所示的界面中，有 7 个竖向的快捷图标快速选择面板，包括"编辑"菜单的 6 个菜单项及 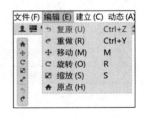（将预览舞台全屏）快捷图标。

图 6-1-35　"编辑"菜单

"编辑"菜单主要完成对预览舞台上的角色图片的简单编辑，如移动该角色图片，改变该角色图片的大小，将角色图片放置到舞台中央等。

如想移动角色图片，可按下 ✛ 快捷图标，之后，拖放角色图片即可。

如图 6-1-32 所示界面中，角色图片的部分内容并未输出，说明当前项目中的角色图片的尺寸过大，应缩小角色图片，以保证口型动画的效果。可按下 ◨ 快捷图标，按住鼠标缩小角色图片，再导出，如图 6-1-36 所示。

图 6-1-36 中，角色图片全部位于输出范围。如果图中的角色图片并未位于输出范围的中央区域，可通过适当移动角色图片位置进行调整。

"编辑"菜单旁边为"建立"菜单，具体内容如图 6-1-37 所示。

"建立"菜单包括"输入影像""自摄影机撷取影像""侧面轮廓模型""背景遮罩编辑""脸部辨识编辑器""眼睛设定""牙齿设定"7 个菜单项。其中的后 5 个菜单项对应快捷图标区的第 3～7 个快捷图标。

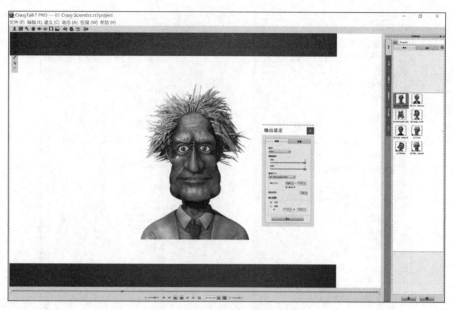

图 6-1-36　口型动画导出 4

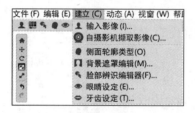

图 6-1-37　"建立"菜单

"侧面轮廓模型"用于建立、设置口型动画角色的面部轮廓。如图 6-1-36 中的角色的侧面轮廓模型关键点定位如图 6-1-38 右侧所示。"脸部辨识编辑器"用于建立、设置口型动画角色的面部五官、头发等细节的关键点位置，如图 6-1-36 中的角色的脸部辨识关键点定位如图 6-1-39 右侧所示。

图 6-1-38　侧面轮廓模型

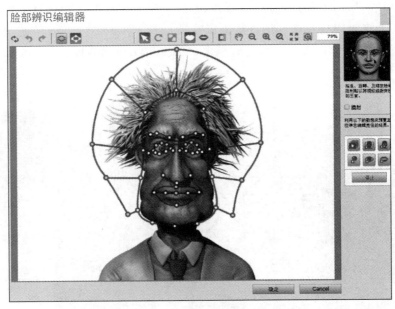

图 6-1-39 脸部辨识关键点

"眼睛设定""牙齿设定"等功能已在前面介绍，下面具体介绍"背景遮罩编辑"的实现。

如图 6-1-30 所示界面中，选择一张具体的图像导入到舞台，作为舞台的背景。适当缩小口型动画图片，如图 6-1-40 所示。

图 6-1-40 背景遮罩编辑 1

图 6-1-40 中使用的是系统提供的项目,已经实现了较好的背景遮罩效果。在该效果的基础上,下面来实现只有头部的背景遮罩效果。

单击"背景遮罩编辑" 快捷图标,出现如图 6-1-41 所示界面。

图 6-1-41　背景遮罩编辑 2

图 6-1-41 所示为"背景遮罩编辑"手动编辑模型。图中的蓝色背景区域为"被背景图像遮住的区域",将显示大海图片中的内容。可直接看见的图像为角色图片中未被背景遮住的内容。

可对该背景遮罩方案进行手动或自动编辑。图 6-1-41 中,单击"切换至自动模式",出现如图 6-1-42 所示界面。单击 Yes 按钮,出现如图 6-1-43 所示界面。

在如图 6-1-43 所示界面中,老人的头发,衣服等均被蓝色背景遮住,均不可见,如图 6-1-44 所示。

图示效果不是我们需要的效果。下面回到手动编辑模式。

手动编辑模式下,可使用魔术棒 初步选定背景区域,之后,使用单刷 、橡皮擦 等对初步选定的区域进一步编辑。

使用单刷进行编辑时,扩大的是背景图像遮住的区域。使用橡皮擦进行编辑时,扩大的是角色图像显示的区域。图 6-1-40 已实现较好的遮罩效果,需要进一步编辑实现只有头部的角色图像。可使用单刷将角色图片中的脖子及以下的区域全部刷上蓝色背景。

图 6-1-42　背景遮罩编辑 3

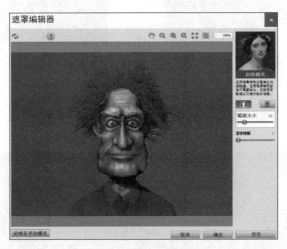

图 6-1-43　背景遮罩编辑 4

图 6-1-44　背景遮罩编辑 5

如图 6-1-41 所示界面中,已按下单刷图标,大小为 20。移动光标至编辑区域,光标形状将变成圆形,如图 6-1-45 所示。

将不需要的区域刷成蓝色背景,如图 6-1-46 所示。图 6-1-47 中,只有头部可见,其余的区域均为蓝色背景遮住。单击"确定"按钮,应用编辑效果。

图 6-1-45　背景遮罩编辑 6

图 6-1-46　背景遮罩编辑 7

图 6-1-47　背景遮罩编辑 8

"建立"菜单旁边为"动态"菜单,如图 6-1-48 所示。"动态"菜单包括"输入声音""录制声音档""文字转语音""脸偶操控""自动动态设定""变声工具""唇形同步""脸部关键帧编辑器"8 个菜单项。其中的后 5 个菜单项在 6.1.1 节做过介绍。

口型动画是用语音驱动图像的动画效果，声音是口型动画的基础素材。

可单击"输入声音"菜单项，为当前角色图像设置驱动的语音音频文档。单击"输入声音"菜单项，选择具体的音频文档，单击"打开"按钮，参考效果如图 6-1-49 所示。

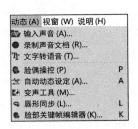

图 6-1-48 动态菜单

图 6-1-49 输入声音驱动模式

图 6-1-49 中，提供了三种语音驱动影像的模式。说话模式下，面部表情等均随语音的变化而变化。

动态菜单中的"文字转语音"菜单项可实现文字到语音的自动转换。单击"文字转语音"菜单项，出现如图 6-1-50 所示界面。

在文本框中输入适当的文字，单击"声音模式"下拉框，选择语音库，如图 6-1-51 所示。

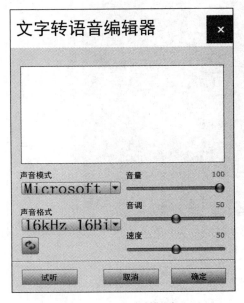

图 6-1-50 文字转语音 1

图 6-1-51 文字转语音 2

不难发现，图中的语音库与第 5 章涉及的语音库完全相同。必须指出的是，Crazy Talk 并不具有文本转语音的功能，只是使用了第 5 章介绍的文本转语音的工具提供的文本转语音的功能。

6.1.3　CrazyTalk 口型动画制作的步骤

理解了 CrazyTalk 的界面、口型动画制作的基础概念、"文件"菜单后,下面来具体制作一个口型动画。

内容管理员中的"项目"面板内置了 8 个项目范本用于口型动画的实现,可直接双击其中的项目范本快速创建项目,选择"输入声音"快捷图标替换范本中的声音脚本,快速完成口型动画的制作。也可直接打开以前制作好的项目,输入声音文档替换原来的声音脚本,快速完成口型动画的制作。

下面进入 CrazyTalk,具体演示基于制作好的项目,制作鹿托比的口型动画。

打开以前制作好的项目(素材包中"要礼物"的项目),系统装入项目后,自动预览动画效果,如图 6-1-52 所示。

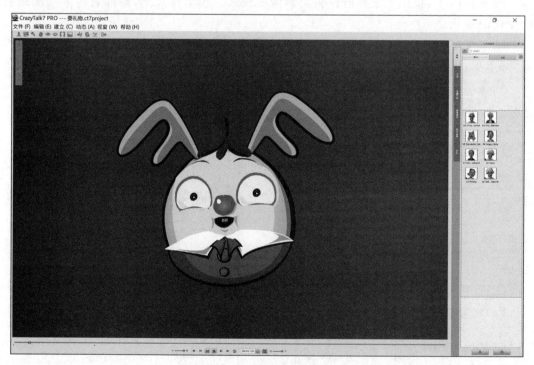

图 6-1-52　快速制作口型动画 1

单击"停止"▉按钮停止预览,移动当前帧到零点。

单击"输入声音"🐾快捷图标,界面如图 6-1-53 所示。

图 6-1-53 中有 4 种输入声音文档的方式,选择第二种方式,直接打开录制好的声音文档。在随后出现的界面中,选择用于驱动鹿托比的声音文档(如 5-1b. mp3),界面如图 6-1-54 所示。

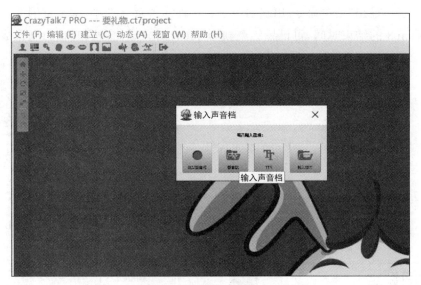

图 6-1-53　快速制作口型动画 2

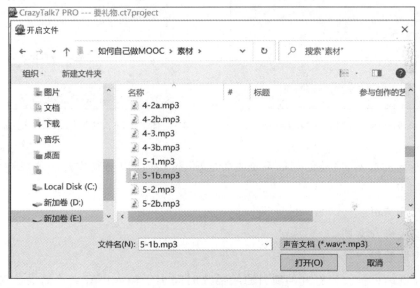

图 6-1-54　快速制作口型动画 3

单击"打开"按钮装入声音文档，界面如图 6-1-49 所示。

设定自动动态模式为说话模式。预览效果发现系统并未全部播放声音文档 5-1b. mp3 的全部效果，播放快结束时停止了预览。

声音文档 5-1b. mp3 的持续时间约为 20 秒。单击"时间设定" 快捷图标，查看"要礼物"的项目的时间轴长度，界面如图 6-1-55 所示。

图 6-1-55 中，时间轴共有 3071 帧，持续时间超过 100 秒。输出的结束时间应小于声音档 5-1b. mp3 的结束时间。

选择"文件|输出"菜单命令,出现如图 6-1-56 所示界面。图中,输出范围为 1～576 帧,小于 5-1b.mp3 的结束时间,可设置结束帧为 650,单击"输出"按钮,输出制作成果。

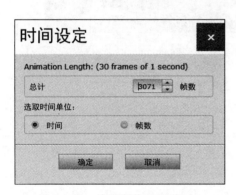

图 6-1-55　快速制作口型动画 4

图 6-1-56　快速制作口型动画 5

结合刚才的演示,可总结利用系统内置的项目范本或以前制作好的项目制作口型动画的步骤如下:

(1) 打开项目。

(2) 输入声音文档。

(3) 预览效果。

(4) 设置结束帧。当打开的项目原始播放时间小于输入声音文档的播放时间时,可选择播放面板的时间设定图标设定一个较大的时间,之后,再设置结束帧。

(5) 输出动画。

思考与练习

6.1.1　制作时长为 5 秒的口型动画,制作的动画最终有多少帧?

6.1.2　CrazyTalk 中的角色本质上是什么?

6.1.3　为什么如图 6-1-52 所示的制作好的鹿托比的口型动画项目背景采用纯蓝色,而没有采用如图 6-1-47 所示的大海为背景?

6.2 利用 CrazyTalk 制作慕课交互场景

了解 CrazyTalk 口型动画制作的初步知识之后，下面利用 CrazyTalk 制作慕课视频的交互场景。为了提升交互效果，改善视频的感染力，交互场景中口型动画的原始图片可使用卡通图像或动物图像。

卡通交互在微课制作领域应用十分广泛，可通过重庆市首批精品在线课程"卡通说解数字电子技术"的交互片段进一步了解，其交互片段的截图如图 6-2-1 和图 6-2-2 所示。

图 6-2-1　交互片段 1

图 6-2-2　交互片段 2

由交互片段的截图可看出，视频中鹿托比首先提出了对该知识点学习中的困惑。之后，猫对鹿托比的困惑进行了解答。通过鹿托比和猫之间的虚拟交流，加深对三种基本逻辑运算概念的理解，有效提升视频的感染力。

6.1 节介绍了利用系统内置的项目范本或以前制作好的项目制作口型动画的步骤。可利用系统内置的项目范本或以前制作好的项目制作口型动画。

6.2.1 建立自定义角色

CrazyTalk 具有强大的口型动画制作功能，可选择"建立|输入影像"菜单命令，为范本里没有的图片建立角色，之后，可导入声音文档，接着前面介绍的步骤完成口型动画的制作。

下面进入 CrazyTalk，具体演示如何建立自定义角色。

先开启一个空白项目，选择"建立|输入影像"菜单命令，选择需要建立角色的卡通图像，单击"打开"按钮，出现如图 6-2-3 所示界面。

该图像为提前准备好的蓝色背景的图像，非常适合制作口型动画。如果该图像具有复杂背景，可提前抠取用于制作的图像并添加纯色背景。复杂背景中图像的抠取可利用 PS 的磁性套索工具完成，这里不专门介绍。

图像处理面板左边有 7 个工具图标，可协助进行图像处理。

↴为"脸部选择"裁切工具，按下该图标，拖动鼠标，选择出图像的头部区域，出现如图 6-2-4 所示界面。

图 6-2-3　输入图像 1

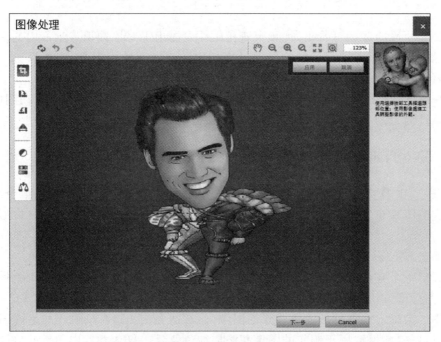

图 6-2-4　输入图像 2

　　单击"应用"按钮,出现如图 6-2-5 所示界面。

　　由图 6-2-4 可看出,尽管 CrazyTalk 提供了 7 个工具图标,可协助对输入的影像进行处理,但其处理的功能非常弱,仅提供了一种矩形框选择方式选取头部,对于复杂的图

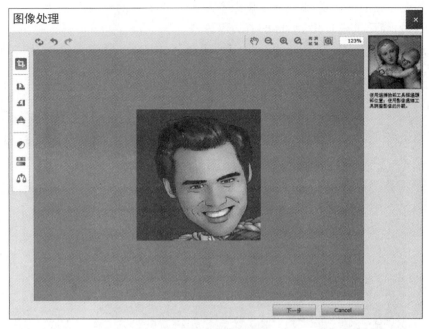

图 6-2-5　输入图像 3

像，只能使用 PS 等专门的图像处理工具进行处理。

　　如图 6-2-3 所示图像为提前制作好的图像，单击"下一步"按钮，进入"自动脸部识别"面板，如图 6-2-6 所示。

图 6-2-6　脸部识别 1

面板的右上角有一个脸部坐标定位点示意图。四个点的位置分别为左眼的左边沿、右眼的右边沿、嘴巴的左边沿、嘴巴的右边沿。

系统进行的自动识别获得的坐标点与要求位置不吻合，可拖动鼠标，调整四个坐标点的位置，如图 6-2-7 所示。

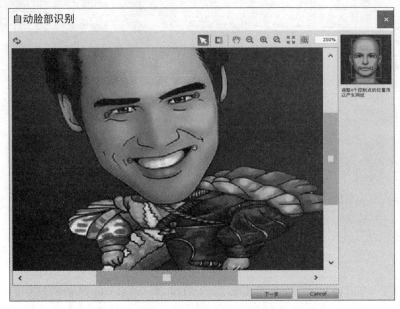

图 6-2-7　脸部识别 2

脸部识别四个关键坐标调整好后，单击"下一步"按钮，进入"脸部识别编辑器"面板，如图 6-2-8 所示。

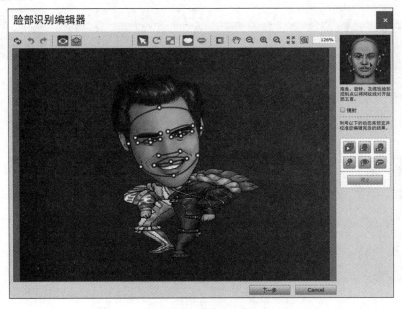

图 6-2-8　脸部识别 3

右上角的标准坐标点的放大图如图 6-2-9 所示。系统自动识别的坐标点与标准坐标点位置存在着较大差距。对照着标准坐标点，初步调整不吻合的坐标点。

如图 6-2-8 所示的脸部识别调整界面为简易调整界面，单击 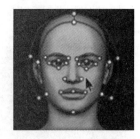 快捷图标，将编辑方式切换到进阶，如图 6-2-10 所示。

图 6-2-9　标准坐标点

进一步调整不吻合的坐标点，面部轮廓、眉毛、眼睛、鼻子、嘴巴等坐标点初步调整效果如图 6-2-11 所示。

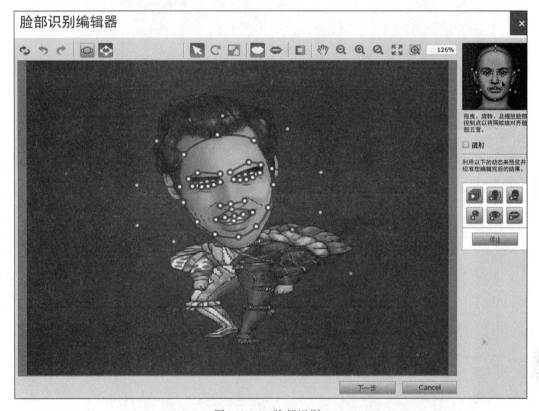

图 6-2-10　脸部识别 4

初步调整完成后，可选择右边的 （头部旋转）、 （脸部表情）、 （眼球）、 （眨眼）、 （嘴巴）等动作预览效果。

预览效果满意后，单击"下一步"按钮，进入侧面轮廓类型调整面板，如图 6-2-12 所示。

选择侧面轮廓类型为 （真人）。图中的头像朝右侧，适当调整曲线，效果如图 6-2-13 所示。

调整完成后，单击 OK 按钮，完成角色的建立。

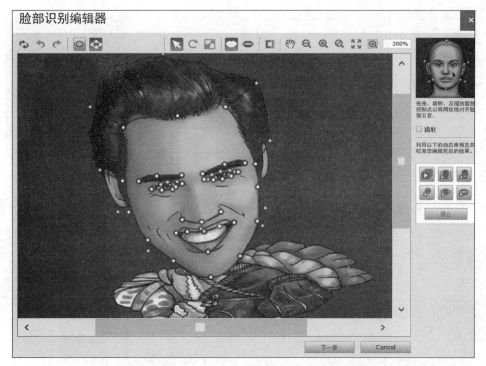

图 6-2-11　脸部识别 5

图 6-2-12　侧面轮廓调整 1

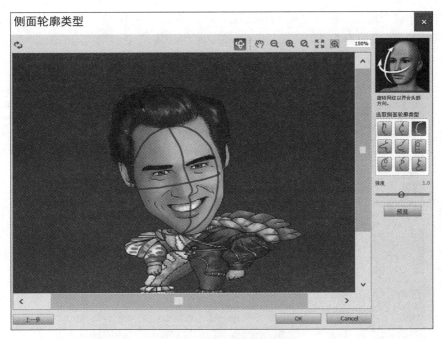

图 6-2-13　侧面轮廓调整 2

自定义角色建立好后，系统自动将该角色导入舞台。可输入声音文档测试口型动画效果。当预览效果不佳时，可选择菜单的脸部识别编辑器菜单项，再次进入"脸部识别编辑器"面板，进一步调整。

可选择"眼睛设定"菜单项，给角色配置系统内置的标准眼睛。选择"建立｜眼睛设定"菜单命令，界面如图 6-2-14 所示。

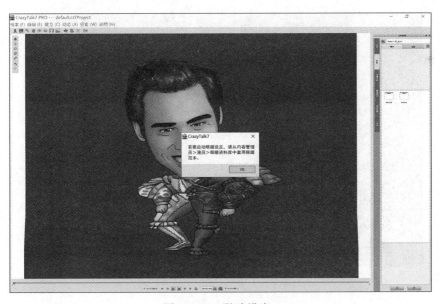

图 6-2-14　眼睛设定 1

系统提示从"眼睛资料库中套用眼睛范本"。单击 OK 按钮。双击右边眼睛范本中的 Human，打开"人眼资料库"。双击 Male_02 范本，将该眼睛范本套用到当前角色中，如图 6-2-15 所示。

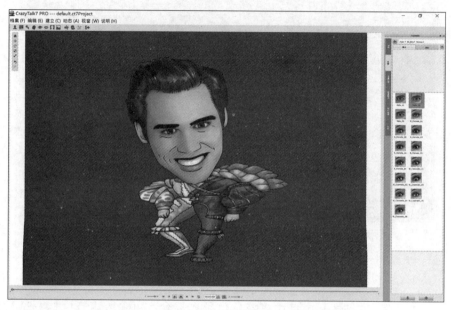

图 6-2-15　眼睛设定 2

可选择"牙齿设定"菜单项，给角色配置系统内置的标准牙齿。选择"建立|牙齿设定"菜单命令，如图 6-2-16 所示。

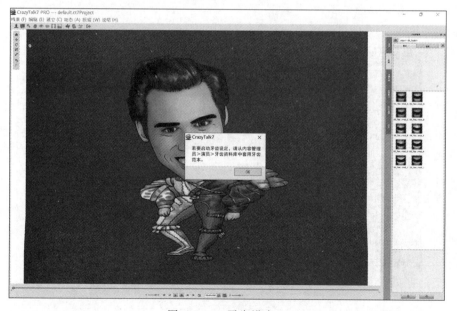

图 6-2-16　牙齿设定 1

系统提示从"牙齿资料库中套用牙齿范本"。单击 OK 按钮。双击右边牙齿资料库中的 8 号范本,将该牙齿范本套用到当前角色中。

适当调整牙齿的角度,缩放大小及水平位置,如图 6-2-17 所示。

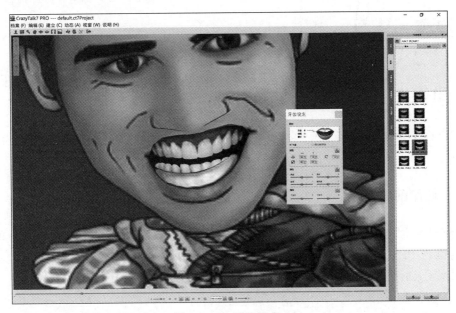

图 6-2-17　牙齿设定 2

角色导入舞台后,可单击"编辑"菜单下各菜单项,对角色进一步编辑。

"编辑"菜单下各菜单项的功能,与预览窗口左上角的角色编辑工具列的功能一致,可选择相关快捷图标,调整角色的尺寸大小、旋转、位置等参数。

6.2.2　卡通交互场景的设计制作步骤

建立好角色后,可选择"文件|另存项目"菜单命令,保存设计成果。之后,可通过打开项目,接着前面介绍的步骤完成口型动画的制作。

还可选择"动态"菜单下的各菜单项,为角色设置声音脚本。

设置角色声音脚本的方式有输入外部声音文档、直接录制语音和输入文字后直接文字转语音。

必须指出的是,尽管口型动画具有较好的感染力,但口型动画只是单张图像的动画效果,实际用于慕课交互场景时,单纯应用口型动画感染力依旧是不够的。

可见,在实际的慕课交互场景中,与单纯将口型动画作为交互场景相比,将口型动画视作 PPT 的视频旁白,具有更好的感染力。

基于前面的分析,可总结慕课制作时卡通交互场景的设计制作步骤如下:

(1) 设计脚本;

(2) 制作 PPT;

（3）制作卡通旁白；

（4）录制墨迹计时；

（5）后期制作。

思考与练习

6.2.1 PPT 在慕课的卡通交互场景中有什么作用？

6.3 引言中"老师上课不讲课"的交互场景的制作

理解了口型动画、卡通交互场景的设计制作方法之后，下面具体制作一个交互场景，利用 CrazyTalk 制作引言中"老师上课不讲课"的交互视频。

6.3.1 制作前的准备

制作口型动画前，应准备驱动影像的语音文档。该口型动画主要用于微课中的交互场景，为微课 PPT 的视频旁白，因此，制作前应设计相关脚本及 PPT 等。

先编写卡通交互场景的脚本，编写的文字脚本如下：

我也是当老师的，这老师也太不负责任了！！！

没文化真可怕呀！那是翻转课堂。老师提前制作课堂教学各知识点的微课视频，学生提前学习教学视频，课堂主要围绕各知识点进行讨论、交互、习题训练等。用这种方式授课，据说劳动报酬是传统课堂授课好几倍的。

教育部还专门搞了一个"一流课程双万计划"，要建设主要以视频为表现形式的 1 万门省级精品在线课程。估计，用不了几年，老师上课基本上都不讲课啦。

之后，制作与文字脚本相对应的 PPT，共两张 PPT，如图 6-3-1 和图 6-3-2 所示。第一张 PPT 与脚本中的第一段文字对应。第二张 PPT 与脚本中的第二、三段文字对应。

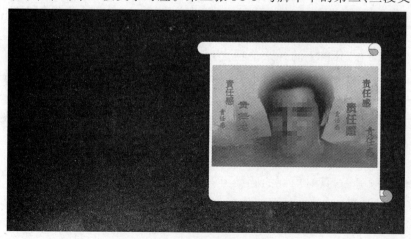

图 6-3-1　文字脚本相对应的 PPT1

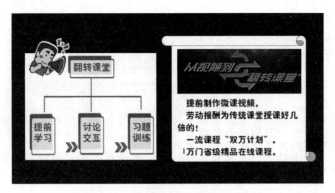

图 6-3-2　文字脚本相对应的 PPT2

结合图 6-3-1 和图 6-3-2 所示 PPT 的实际效果，下面回到文字脚本页中，具体规划卡通旁白的制作思路。

基于文字脚本的具体内容，第一段文字对应的语音采用鹿托比男声制作口型动画。第二、三段文字对应的语音采用卡通蛙眼图像制作女声口型动画。

下面，具体演示这两个视频旁白的制作。

先制作两个口型动画的声音脚本。

进入 Balabolka，文本区粘贴脚本中的第一段文字，设置用于合成的语音库为 VW Wang，如图 6-3-3 所示。

图 6-3-3　文字脚本转语音 1

单击"预览"按钮试听效果。效果满意后，选择"文件|保存声音文档"菜单命令，将声音文档存储为"D:\文件 1.mp3"。

删除文本区的文字，粘贴脚本中的第二、三段文字，设置用于合成的语音库为 VW Lily，如图 6-3-4 所示。

单击"预览"按钮试听效果。效果满意后，选择"文件|保存声音文档"菜单命令，将音档文件存储为"D:\文件 2.mp3"。

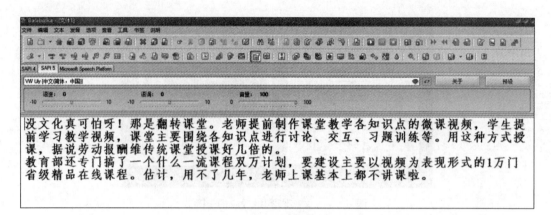

图 6-3-4 文字脚本转语音 2

6.3.2 口型动画的制作

声音脚本制作好后,下面继续制作用于视频旁白的口型动画。

先制作卡通蛙眼图像的女声口型动画。卡通蛙眼图像的原始效果如图 6-3-5 所示。

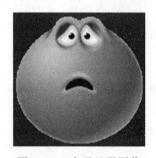

图 6-3-5 卡通蛙眼图像

启动 CrazyTalk,选择"建立|输入影像"菜单命令,选择需要建立角色的卡通蛙眼图像,单击"打开"按钮。

该图像为提前准备好的蓝色背景的图像,无需编辑,单击"下一步"按钮,进入"自动脸部识别"面板。

调整四个坐标点的位置,参考效果如图 6-3-6 所示。

单击"下一步"按钮,进入"脸部识别"面板。

对照着右上角的标准坐标点,初步调整不吻合的坐标点,如图 6-3-7 所示。

将编辑方式切换到进阶,进一步调整不吻合的坐标点,如图 6-3-8 所示。

调整完成后,单击"下一步"按钮,进入"侧面轮廓类型调整"面板。

调整完成后,单击 OK 按钮,完成角色建立。适当调整角色的大小及位置。

设置项目的背景与原始图像的背景一致。先获取原始图像背景的颜色信息。

利用 Windows 画图打开原始图像,压下 🖌(颜色选取器)图标,在原始图像的背景处单击,获取背景颜色。单击"编辑颜色"按钮,如图 6-3-9 所示。

可见,卡通蛙眼图像的背景颜色 RGB 数据为"63、71、204"。

回到 CrazyTalk 界面中,单击 🖼(背景设定)图标,单击"选取颜色"旁边的白色背景色,设置背景色的 R、G、B 的值,如图 6-3-10 所示。

单击 OK 按钮,完成背景的设定,如图 6-3-11 所示。

图 6-3-11 中,蛙眼图像有一个白色的细边框。可通过视频编辑软件去除,此处不做处理。

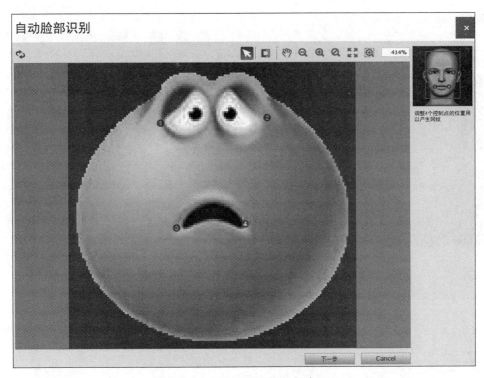

图 6-3-6　卡通蛙眼图像角色建立 1

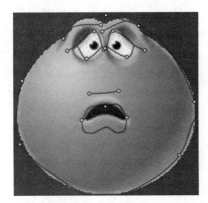

图 6-3-7　角色建立 2

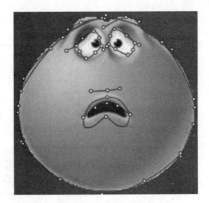

图 6-3-8　角色建立 3

　　蛙眼图像的眼睛不好看,没有牙齿,下面尝试给图像添加一个系统内置的人眼及牙齿,以增强口型动画的感染力。

　　选择"建立|眼睛设定"菜单命令,双击"W-cosmetic-03"(女性美容类 3),给蛙眼图像添加一对人眼,如图 6-3-12 所示。

　　选择"建立|牙齿设定"菜单命令,双击右边牙齿资料库中的 8 号范本,将该牙齿范本套用到当前角色中。适当调整牙齿的角度,缩放大小及水平位置等,给蛙眼图像添加一副牙齿,如图 6-3-13 所示。

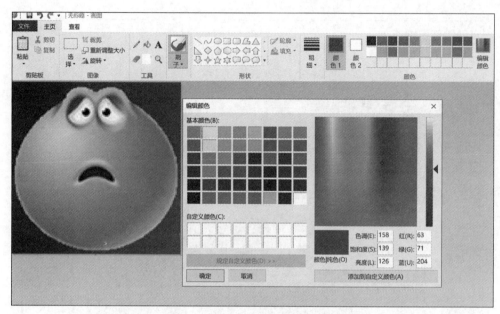

图 6-3-9　原始图像背景颜色的获取

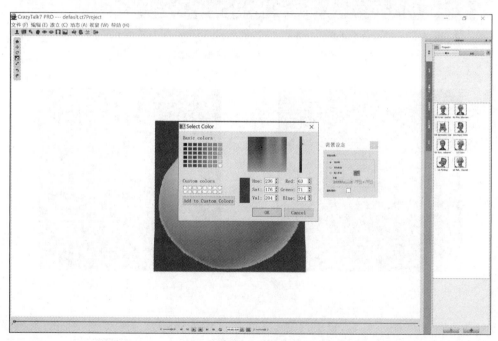

图 6-3-10　背景设定 1

建立好角色后,继续给口型动画添加声音脚本。

移动当前影格位置到开始处,选择"动态|输入声音"菜单命令,选择前面准备的
"D:\文件 2. mp3",设置"自动动态选项"为"说话模式",将语音"D:\文件 2. mp3"导入当
前项目中。

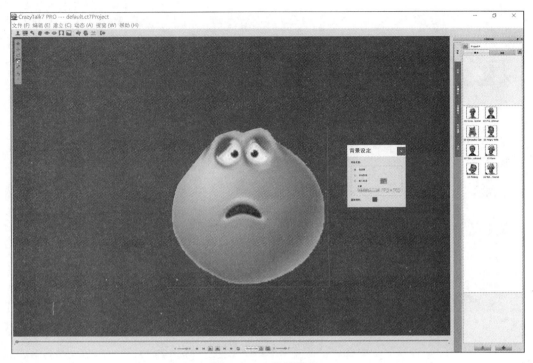

图 6-3-11　背景设定 2

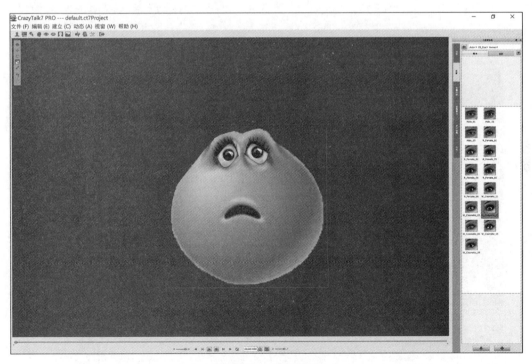

图 6-3-12　眼睛设定

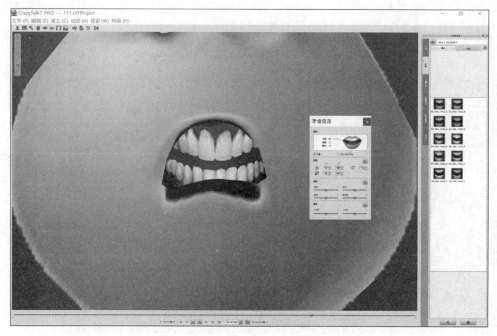

图 6-3-13　牙齿设定

　　输入声音文档后,系统将自动预览效果,当语音脚本预览结束后,单击▣(停止)图标,结束预览。移动结束帧到预览结束位置附近,如图 6-3-14 所示。图中的当前帧没有声音脚本,嘴巴为闭合状态。

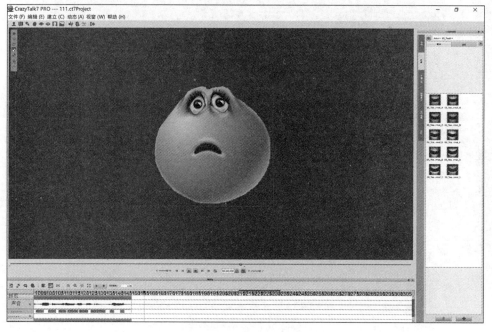

图 6-3-14　结束帧设定

选择"文件|输出"菜单命令，设置输出的格式为 WMV，尺寸为"640×480"，如图 6-3-15 所示。

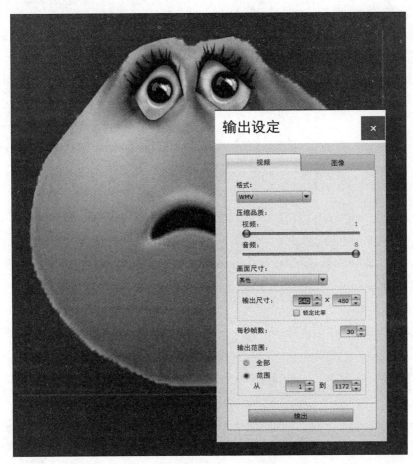

图 6-3-15 输出设置

单击"输出"按钮，输出制作好的口型动画。

继续制作鹿托比的口型动画。

鹿托比为系统内置的口型动画项目。启动 CrazyTalk 后，单击内容管理器的"自定义"按钮，如图 6-3-16 所示。

双击 Christ... Bonus 项目夹，如图 6-3-17 所示。

双击"要礼物"项目，打开鹿托比的口型动画项目，如图 6-3-18 所示。

如图 6-3-18 所示的项目中，角色鹿托比身后有一个圣诞节的背景，不适合作为 PPT 的视频旁白。应去除该背景，添加一个纯色的背景。这样，在后期制作时，可方便地抠取鹿托比的视频信息。

单击 快捷图标，如图 6-3-19 所示。图中当前设定的背景来源为"输入影像"，导入了一张圣诞节的图像作为项目的背景。

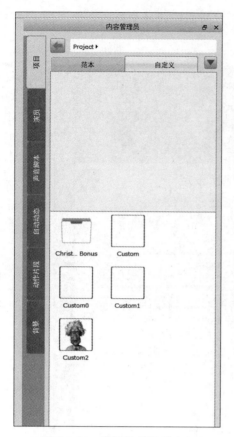

图 6-3-16　鹿托比项目建立 1

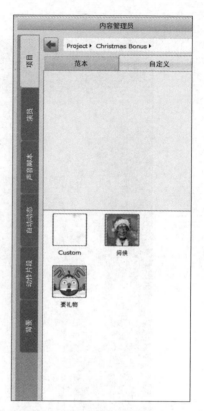

图 6-3-17　鹿托比项目建立 2

图 6-3-18　鹿托比项目建立 3

图 6-3-19　鹿托比项目建立 4

　　设定背景的来源为"仅演员"。单击"选取颜色"旁边的白色背景色，设置背景颜色为蓝色。单击 OK 按钮，确认背景颜色，如图 6-3-20 所示。

图 6-3-20　鹿托比项目建立 5

　　依照前面介绍的方法，输入声音文档"D:\文件 1.mp3"到当前项目中，输出制作好的口型动画。

6.3.3　录制播放计时及墨迹

　　两个卡通旁白制作好后，下面进一步录制播放计时及墨迹。

尽管卡通旁白为视频旁白,但卡通口型与声音本身是同步的,录制时只需要保证播放计时及墨迹与声音同步,可按照语音旁白的方法录制 PPT 的播放计时及墨迹。

进入 Balabolka,文本区粘贴脚本中的第一段文字,设置用于合成的语音库为 VW Wang。

回到需要录制计时及墨迹的 PPT 中,选择 Mix|Slide Recording 菜单命令,进入录制界面。设置好墨迹颜色、笔型、录制设备及方式等,单击 Record 图标开始录制。快速切换到 Balabolka 窗口,朗读先前准备好的旁白脚本文字;之后,立即切换到 PPT 录制界面。

单击"停止"图标完成录制。

可参考上面的方法继续录制。

录制完成后,利用视频编辑软件,将 PPT 导出的初始视频、CrazyTalk 制作的视频旁白及 Balabolka 合成的语音等素材合成,制作出最终的"老师上课不讲课"的交互视频。

思考与练习

6.3.1 如图 6-3-13 所示界面中,为蛙眼图像设定了牙齿,为什么如图 6-3-14 所示界面中的蛙眼图像没有牙齿?

6.3.2 如何为如图 6-3-21 所示的卡通图像建立角色?

(a)   (b)

图 6-3-21　思考与练习 6.3.2 的图

6.3.3 如何为如图 6-3-22 所示的卡通图像建立角色?

(a)   (b)

图 6-3-22　思考与练习 6.3.3 的图

6.4　网络直播课：如何自己做慕课(三)│如何实现课堂虚拟交互

2020 年初,新冠疫情来袭。为应对这场突然的疫情,教育部要求学生"停课不停学",教师"停课不停教"。

为帮助更多的老师利用微课开展线上教学,作者在中国大学 MOOC 平台开设了"如何自己做慕课"系列直播课,分四次直播讲解了自己如何做慕课的方法与步骤。

本节内容为本书第 5、6 章内容的总结,同时是作者开设的第三次网络直播课的内容。可扫描旁边的二维码回看该次网络直播课。

视频

习题

1. 利用 CrazyTalk 结合 Balabolka 设计制作第 4 章习题 1 配套的视频旁白。

2. 利用 CrazyTalk 结合 Balabolka 设计制作第 2 章的习题 2 配套的视频旁白。

3. 利用 CrazyTalk 结合 Balabolka 设计制作第 2 章的习题 3 配套的视频旁白。

4. 利用下面的脚本结合如图 6-3-21 所示的卡通图像设计制作配套的视频旁白。脚本内容如下:

基于前面的分析,可总结慕课制作时,卡通交互场景的设计制作步骤如下:

第 1 步:设计脚本。

第 2 步:制作 PPT。

第 3 步:制作卡通旁白。

第 4 步:录制墨迹计时。

第 5 步:后期制作。

5. 利用下面的脚本结合如图 6-3-22 所示的卡通图像设计制作配套的视频旁白。脚本内容如下:

结合刚才的演示,可总结利用系统内置的项目范本或以前制作好的项目制作口型动画的步骤如下:

第 1 步:打开项目。

第 2 步:输入声音文档。

第 3 步:预览效果。

第 4 步:设置结束帧。

第 5 步:输出动画。

第7章

微课进阶利器4：片头制作

PPT

片头制作在微课制作中意义重大,添加具有感染力的片头是提升微课视频感染力的有效手段之一。

7.1 片头制作利器 Aleo Flash Intro Banner Maker 简介

尽管微课视频强调短小精悍,但其内容必须是完整的,通过对该视频的学习,可完整了解该课程的特定知识小点。

从完整性角度,应给微课视频添加片头及片尾。此外,一个富有感染力的片头,能吸引学习者的注意力,有效提升微课视频的感染力。

视频

本节以片头制作利器 Aleo Flash Intro Banner Maker 为例,介绍微课视频片头及片尾的制作。

先简要介绍 Aleo Flash Intro Banner Maker 的基础知识。

Aleo Flash Intro Banner Maker 是一款快速 Flash 效果设计制作工具,利用该工具,可以在几分钟之内,将相关的文本、图像的 Flash 效果组合,快速实现微课片头及片尾的制作与设计。

Aleo Flash Intro Banner Maker 的启动界面如图 7-1-1 所示。

图 7-1-1 Aleo Flash Intro Banner Maker 的启动界面

图 7-1-1 中,最左边的白色背景的窗口为系统的功能菜单选择区,共有 7 个菜单项。主界面旁边的小窗口为效果预览窗口,实时预览设计制作的 Flash 效果。白色背景窗口旁边的灰色背景窗口为左边菜单项具体功能的选择设置窗口。左边窗口中,浅蓝色背景菜单项为当前菜单项。

图中显示,系统的当前菜单项为"关于"菜单项,右边窗口中的内容为 Aleo Flash Intro Banner Maker 软件的简要介绍。

图 7-1-1 最下方的三个快捷图标从左到右依次为"退出"图标 ⊗ 、"帮助"图标 ⑤ 及"项目"图标 📁 项目 。

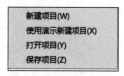

单击"退出"图标将退出系统,单击"项目"图标将展开项目菜单栏,如图 7-1-2 所示。

图 7-1-1 右下角的快捷图标为"预览"图标 🔍 预览 (F9) ,中间的两个复选框为"预览设置"复选框。当"预览"窗口关闭时,单击"预览"图标将打开预览窗口。

图 7-1-2 "项目"菜单

系统为"预览"窗口设置一个默认位置。设置的默认位置为右上角。如图 7-1-1 所示界面中,"预览"窗口位于选择设置窗口区域,是移动了预览窗口位置后的截图效果。

当再次单击"预览"图标时,记录将在默认位置打开预览图标。当选中了"记住预览窗口位置"复选框时,系统将在上一次的预览窗口位置打开预览窗口。

"关于"菜单项下方为"尺寸声音"菜单项,单击该菜单项,将进入当前项目的尺寸及背景声音设置界面,如图 7-1-3 所示。

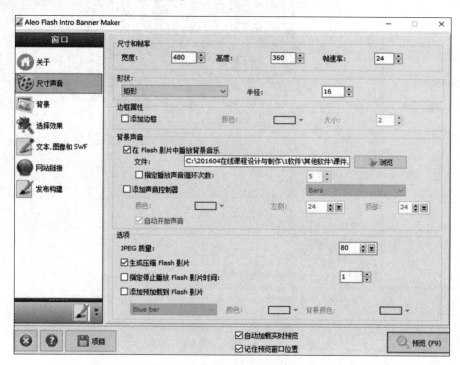

图 7-1-3 尺寸声音设置界面 1

图 7-1-3 最上方为 Flash 动画的分辨率及帧率设置区。图中设置 Flash 动画的分辨率为 480×360，帧速率为 24 帧/秒。

分辨率及帧率设置区的下方为 Flash 影片的舞台形状设置区。图中设置 Flash 动画的形状为矩形，参考效果如图 7-1-1 所示。

系统提供"矩形""圆角矩形""圆形"三种舞台形状。可单击下拉框，设置形状为圆形，如图 7-1-4 所示。

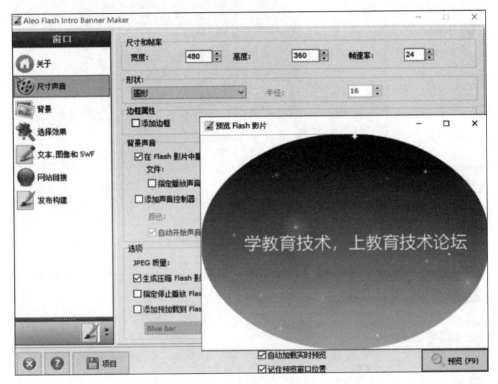

图 7-1-4　尺寸声音设置界面 2

图 7-1-5 中，形状的半径参数仅用于设置"圆角矩形"的圆角半径参数。单击下拉列表框，设置形状为"圆角矩形"，半径参数为 80，如图 7-1-5 所示。

形状设置的下方为边框属性的设置区。如勾选"添加边框"复选框，设置边框颜色为红色，大小为 20，如图 7-1-6 所示。

边框属性设置区的下方为背景声音属性的设置区。图 7-1-6 中勾选了"在 Flash 影片中播放背景音乐"复选框，设定了背景音乐文件。

可为背景音乐添加声音控制器。系统提供 Bars(条形)、Slider(滑轨)、Text(文字)三种形状的声音控制器供选择。

勾选"添加声音控制器"复选框，如图 7-1-7 所示。图中设置的声音控制器的形状为 Bars(条形)，颜色为白色，显示坐标为 24 像素(右侧)、24 像素(顶部)。可单击声音控制器关闭背景音乐。

图 7-1-5　尺寸声音设置界面 3

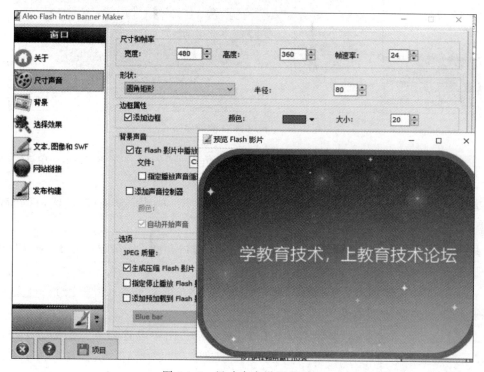

图 7-1-6　尺寸声音设置界面 4

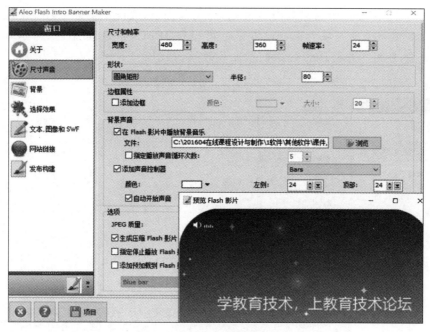

图 7-1-7　尺寸声音设置界面 5

注意,声音控制器的坐标应位于系统设置的舞台区域内,否则不能完整显示或不能显示。如设置舞台形状为圆形,声音控制器的形状为"Slider"(滑轨),其他参数保持不变,如图 7-1-8 所示。

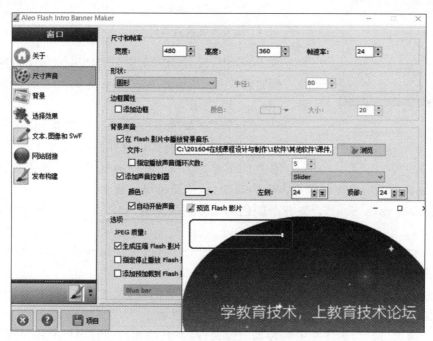

图 7-1-8　尺寸声音设置界面 6

图 7-1-8 中,声音控制器只有滑轨可见,显示不完整,应调整坐标位置。

图 7-1-3 最下方的区域为选项设置区。可设置 JPEG 质量,如指定"生成压缩 Flash 影片"质量等,还可为最终的影片添加预加载效果,如图 7-1-9 所示。

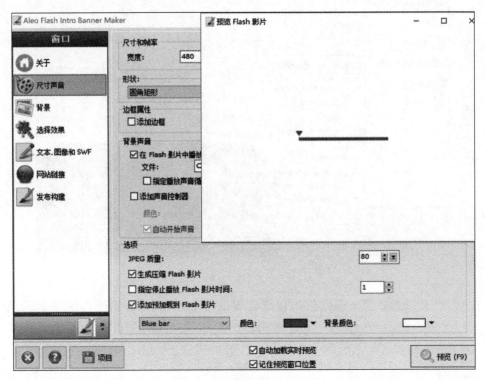

图 7-1-9　尺寸声音设置界面 7

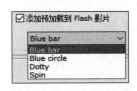

图 7-1-10　预加载效果

图 7-1-9 中,设置 JPEG 质量(JPEG 关键帧)的品质为 80。预加载效果为"Blue bar"。系统提供了四种预加载效果,如图 7-1-10 所示。

"尺寸声音"菜单项下方为"背景"菜单项,单击该菜单项,将进入当前项目的背景设置界面,如图 7-1-11 所示。

图 7-1-11 上方为 Flash 动画的背景颜色设置区。图中设置的 Flash 动画背景颜色填充方案为渐变色,从蓝色线性渐变到绿色。

现更改为"纯色"选项,设置背景颜色填充方案为纯色,如图 7-1-12 所示,图中设置为黑色。

下方为"背景图像和 flash 影片"背景设置区。勾选"添加图像到 flash 影片背景"复选框,可将 Flash 动画背景设置为具体的图像、剪辑或 Flash 影片。

图中,未勾选"添加图像到 flash 影片背景"复选框,相关的操作按钮未激活。勾选"添加图像到 flash 影片背景"复选框,如图 7-1-13 所示。

单击"添加"按钮,选择相关的背景图像文件,将其添加到当前项目中并设置为背景。

单击"添加剪辑"按钮,进入系统自带的剪辑画图像背景选择窗口,如图 7-1-14 所示。

图 7-1-11　背景设置界面 1

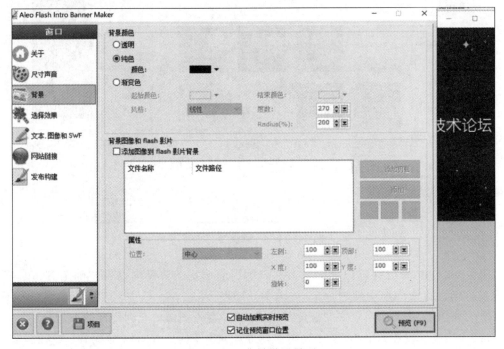

图 7-1-12　背景设置界面 2

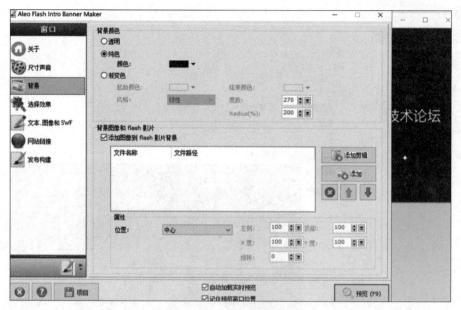

图 7-1-13　背景设置界面 3

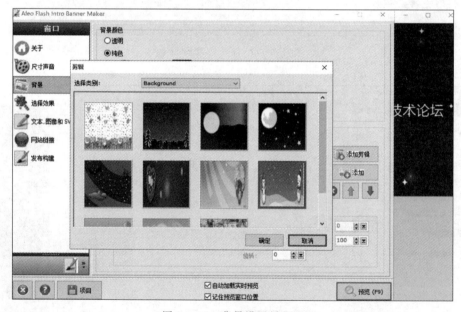

图 7-1-14　背景设置界面 4

图 7-1-14 中,带有红色边框的剪辑画表示当前选定的剪辑画,单击"确定"按钮,将选择的剪辑画设置为当前动画的背景,如图 7-1-15 所示。

系统提供了"中心""自定义""拉伸""平铺"四种背景图像填充到舞台的方法。图 7-1-15 中,剪辑画的位置属性为中心,尺寸大小保持原始尺寸,X、Y 方向均为 100%。从预览效果上看,原始图像的垂直分辨率不够,作为背景图像,未铺满整个舞台。

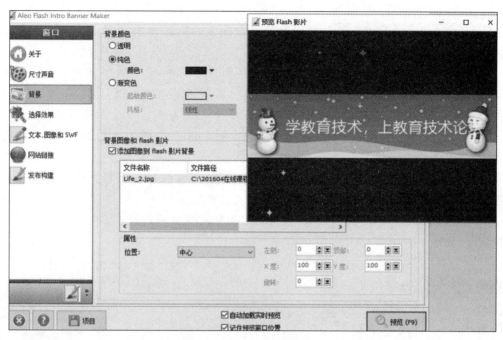

图 7-1-15　背景设置界面 5

　　可展开属性区域的"位置"下拉框，设置位置属性为"拉伸"，系统将会自动将背景图像拉伸到整个舞台，如图 7-1-16 所示。

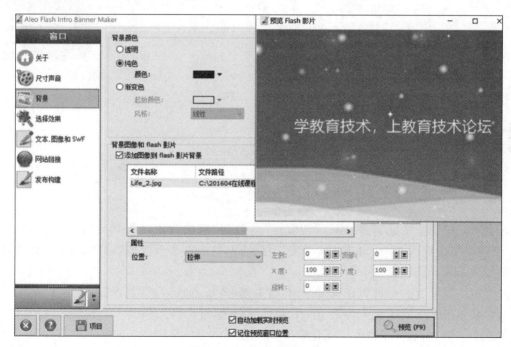

图 7-1-16　背景设置界面 6

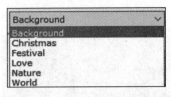

图 7-1-17　剪辑画的类别

当位置属性设置为"自定义"时,图中的 X、Y 等参数值可自定义。可根据自己的喜好设置、修改相关参数。

系统还提供了多种类别的剪辑画,用于设置影片的背景。系统提供的剪辑画类别如图 7-1-17 所示。

如图 7-1-14 所示界面中剪辑画的类别为 Background,可单击下拉图标,展开下拉菜单,选择其他类型的背景图像。

当系统中已选择背景图像时,可单击删除图标 ⊗ 删除选择的背景图像。当选择多张图像作为背景时,可选择上移或下移图标调整背景图像的顺序。

"背景"菜单项下方为"选择效果"菜单项,单击该菜单项,进入当前项目的背景效果设置界面,如图 7-1-18 所示。

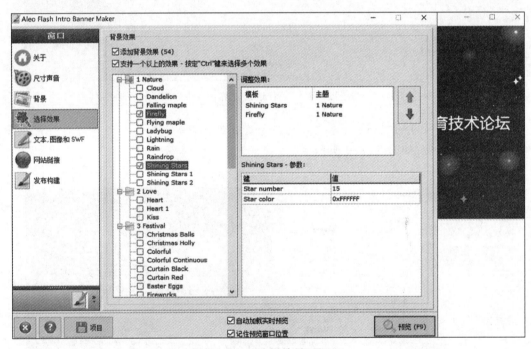

图 7-1-18　"选择效果"界面 1

图 7-1-18 最上方为背景效果设置复选框,包括"添加背景效果""支持一个以上的效果…"两个复选框。图中,勾选这两个复选框,表示将为前面设置的背景添加 Flash 效果,可添加多个效果到该背景中。

希望当前项目的背景无任何效果时,可取消"添加背景效果"复选框。

背景效果下方的区域为背景 Flash 效果选择区,可选择具体的 Flash 效果,将其应用到背景中。图中,选择了两个 Flash 效果 Firefly(萤火虫)及 Shining Stars(闪亮的星星)。两个效果均可在如图 7-1-18 所示界面中直接看见。

为满足更多的需求，系统将可选择的 Flash 效果分为 1 Nature（大自然）、2 Love（爱情）、3 Festival（节日）、4 Light and Shadow（光与影）、5 Transform（变换）、6 Life and Art（生活与艺术）六类。可移动滚动条，选择具体分类下的具体效果，将其应用到当前项目的背景中。

如勾选 1 Nature→Cloud，之后，压住 Ctrl 键，可再勾选 2 Love→Heart 1，界面如图 7-1-19 所示。

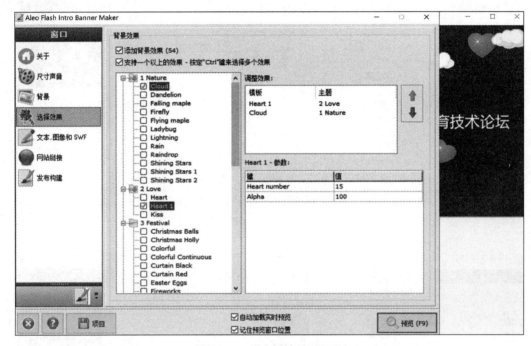

图 7-1-19 "选择效果"界面 2

背景 Flash 效果选择区右边的区域为选定的效果调整区。如图 7-1-19 所示界面中显示的当前效果的参数为 Heart 1 效果的参数。Heart number（红心总数）为 15，Alpha（亮度因子）为 100。由于亮度因子为 100%，图中的 Heart 清晰可见。

可具体设置各效果的参数。如图 7-1-19 所示界面中，设置 Alpha 为 30，如图 7-1-20 所示。由于亮度因子为 30%，图中的 Heart 几乎不可见。

当给背景应用了多个效果时，系统仅显示一个效果的相关参数。如图 7-1-19 所示界面中，仅显示了 Heart 1 效果的参数，Cloud 效果的参数不可见。

若想设置 Cloud 效果的参数，可在背景 Flash 效果选择区的 Cloud 效果复选框单击，如图 7-1-21 所示。

背景及效果设置好后，可选择图 7-1-1 中的"文本、图像和 SWF"菜单项，给当前动画添加具体的内容。单击该菜单项，将进入具体的选择与设置界面，如图 7-1-22 所示。

系统允许添加的内容包括"文本""图像""SWF 影片"三种类型。如图 7-1-22 所示界面右边区域上方为添加的具体的文本及图像元素，图中显示，添加了两个文本元素。

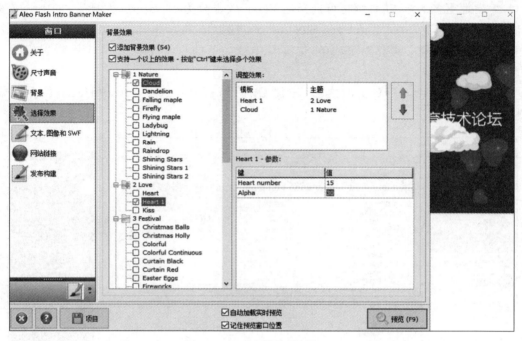

图 7-1-20 "选择效果"界面 3

图 7-1-21 "选择效果"界面 4

图 7-1-22 中,前面设置的两个背景效果均可见。其中,Cloud 效果和 Heart 1 效果重叠时,二者同时可见。具体的显示效果为 Cloud 透过 Heart 可见。

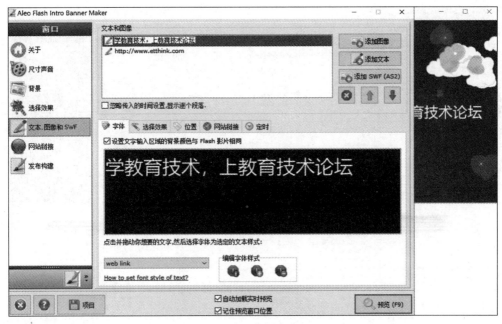

图 7-1-22　文本、图像和 SWF 元素添加

当两张图片叠加在一起时，上面的图像元素压住下面的图像元素。正常情况下，上面的元素可见，下面的元素不可见。如图 7-1-19 所示效果中，Heart 在前，Cloud 在后，二者亮度均为 100％。当二者重叠时，Cloud 可见，Heart 不可见。因此，右上角 Cloud 遮住了 Heart 的局部。

如图 7-1-22 所示效果中，Cloud 在前，Heart 在后，Heart 的亮度为 30％。当二者重叠时，因 Heart 亮度不够，遮不住 Cloud，因此，Cloud 透过 Heart 可见。

可返回到"选择效果"菜单项，移动 Heart 到前面，如图 7-1-23 所示。

图 7-1-23 中，Heart 在前，Cloud 在后。Cloud 亮度为 100％。当二者重叠时，Cloud 可见，Heart 不可见。

如图 7-1-22 所示界面右边区域下方为添加的具体的文本及图像元素 Flash 效果的设置及调整区域，包括"字体""选择效果""位置""网站链接""定时"五个选项卡。

当使用 Aleo Flash Intro Banner Maker 制作片头或片尾时，可选择构成片头或片尾的文本及图像，设置其具体的 Flash 效果即可完成制作，将在后面具体介绍其制作思路与方法。

动画设计完成后，还可给 Flash 动画添加网站链接。单击"网站链接"菜单项，将进入网站链接添加界面，如图 7-1-24 所示。

可勾选"当停止播放 Flash 后打开网站"复选框，设置具体的网址完成添加。还可勾选"当用户点击 Flash 后打开网站"复选框，设置具体的网址完成用户点击 Flash 后打开网站网址的添加。

全部的制作设计完成后，可单击"发布构建"菜单项，进入发布构建界面，如图 7-1-25 所示。

图 7-1-23　背景效果叠加修改

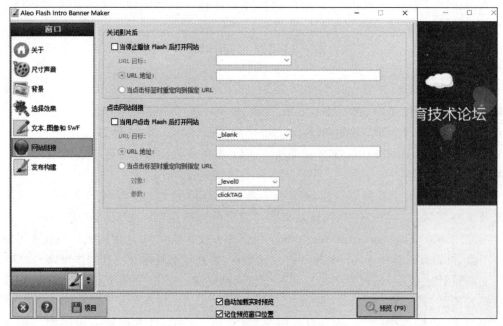

图 7-1-24　网站链接添加

之后,可单击"发布"按钮,导出我们的设计成果。

基于 Aleo Flash Intro Banner Maker 各菜单项的主要功能,可总结利用 Aleo Flash Intro Banner Maker 制作微课视频片头或片尾的步骤如下:

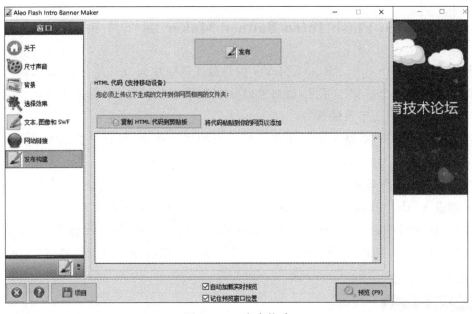

图 7-1-25　发布构建

（1）设置视频尺寸；

（2）设置背景及效果；

（3）选择文本及图像；

（4）设置文本及图像；

（5）导出视频。

思考与练习

7.1.1　如图 7-1-26 所示效果中，应用了 Heart、Cloud、Circles 三个背景效果，根据显示效果说明这三个效果的先后顺序。

7.1.2　本书配套视频片尾效果如图 7-1-27 所示效果，根据显示效果说明实现思路。

图 7-1-26　思考与练习 7.1.1 的图

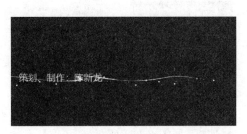

图 7-1-27　思考与练习 7.1.2 的图

视频

7.2 利用 Aleo Flash Intro Banner Maker 制作片头

利用 Aleo Flash Intro Banner Maker 制作微课视频片头或片尾包括五个步骤,其核心步骤是中间的三个步骤。可见,要快速制作出微课视频的片头,应确定片头的背景及其效果、构成片头的文字及图像等。

基于上面的分析,根据本单元微课视频片头的实际效果,可总结构成本单元片头的三个基础媒体元素为拉幕效果及背景、主标题文字和副标题文字。

红色幕布的拉开效果为背景的 Flash 效果。

下面进入 Aleo Flash Intro Banner Maker,具体演示该效果的实现。

启动 Aleo Flash Intro Banner Maker,单击"尺寸声音"菜单项,设置 Flash 动画的分辨率为 1280×720,取消选中的"在 Flash 影片中播放背景音乐"复选框,如图 7-2-1 所示。

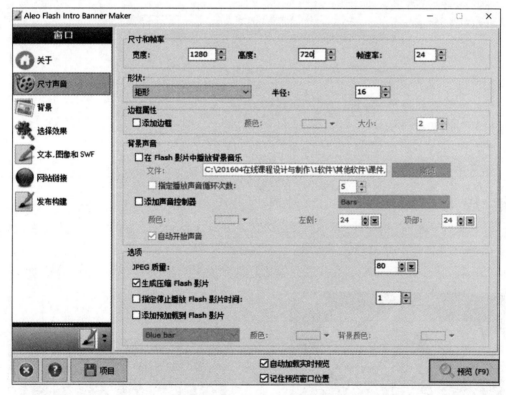

图 7-2-1 拉幕效果制作 1

单击背景菜单项,设置背景颜色填充方案为纯黑色。勾选"添加图像到 flash 影片背景"复选框,如图 7-2-2 所示。

单击"添加"按钮,选择提前准备的背景图像文件,如图 7-2-3 所示。

单击"打开"按钮,将该背景图像添加到当前项目中。

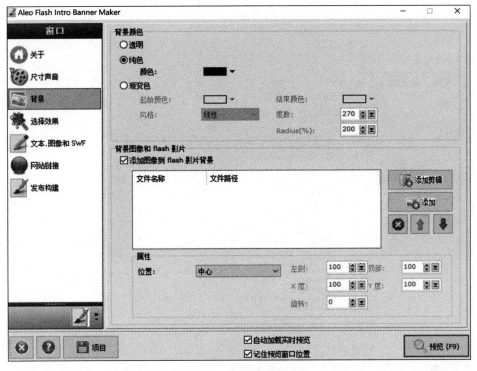

图 7-2-2　拉幕效果制作 2

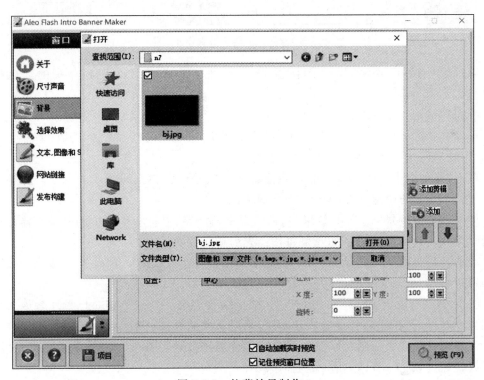

图 7-2-3　拉幕效果制作 3

单击"选择效果"菜单项,设置背景 flash 效果为 3 Festival | Curtain Red,如图 7-2-4 所示。

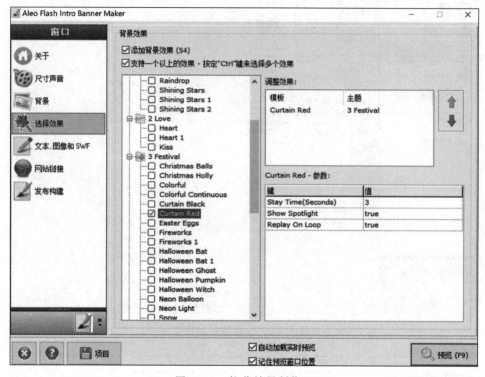

图 7-2-4　拉幕效果制作 4

通过设置尺寸、声音,背景图像及效果,实现了本单元微课视频片头的红色拉幕效果。

下面继续制作主标题及副标题文字。

选择"文本、图像和 SWF"菜单项,系统启动时,默认添加了两个文字效果。单击 ⊗ 图标,删除这两个文字效果,如图 7-2-5 所示。

单击"添加文本"按钮,分别输入主标题文字"4 小时教你快速合成微课"、副标题文字"——基于 PPT 的快速慕课(MOOC)合成方法"。

拉幕效果为背景的 Flash 效果,默认情况下,背景效果将和动画中的其他媒体元素效果同时播放。其他媒体元素的效果将按照先后顺序依次播放。

本单元片头的主标题及副标题文字效果均未和背景效果同时播放。可设置文字媒体的定时参数,延迟文字的媒体的播放时间,如图 7-2-6 所示。

图 7-2-6 中,设置主标题文字效果为"显示为动态文字",进入 Flash 影片后传入文字时间为 5.0 秒,即在背景动画播放开始后,延迟 5 秒播放该效果。

设置副标题在主标题文字效果播放完毕并退出效果后播放。也就是说,当副标题效果播放时,主标题文字已经在屏幕上消失。

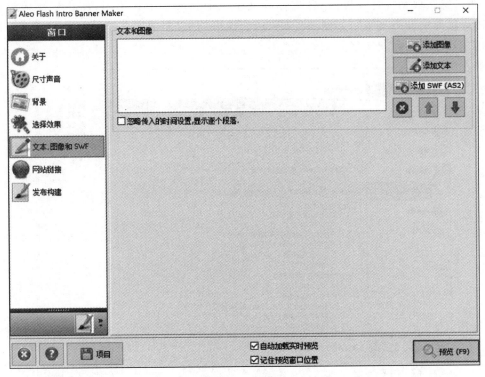

图 7-2-5 主标题及副标题文字制作 1

图 7-2-6 主标题及副标题文字制作 2

如果要实现副标题效果播放，主标题文字依旧在屏幕上显示，可将主标题效果设置为"在背景显示静态文字"，如图 7-2-7 所示。也可勾选"当前段落结束后保持 Flash 影片上的文字"保留主标题文字。

图 7-2-7　主标题及副标题文字制作 3

可参考上面的方法，进一步设置、调整主标题及副标题文字的字体、Flash 效果，定时参数等，效果满意后，发布视频。

为追求更好的效果，本单元片头将拉幕效果及背景、主标题文字、副标题文字分解为三个独立的效果，发布为三个独立的视频。

拉幕效果已经制作完成，下面继续制作主标题及副标题文字效果，先制作主标题效果。

新建一个 Flash 项目，单击"尺寸声音"菜单项，设置 Flash 动画的分辨率为 1280×720，取消选中的"在 Flash 中播放背景音乐"复选框。

单击"背景"菜单项，设置背景颜色填充方案为纯黑色，单击"选择效果"菜单项，取消选中"添加背景效果"复选框，如图 7-2-8 所示。

单击"文本、图像和 SWF"菜单项，系统启动时，默认添加了两个文字效果，单击 图标，删除一个文字效果。选中另一个文字效果，在中间黑色背景的文本框中输入主标题文字"4 小时教你快速合成微课"，如图 7-2-9 所示。

设置文本模板为 web link，参考界面如图 7-2-10 所示。

单击编辑字体样式快捷图标，设置字体为"汉仪橄榄体简"，字号为 80，其他参数保持不变，参考效果如图 7-2-11 所示。

单击"确定"按钮，完成字体样式的编辑。

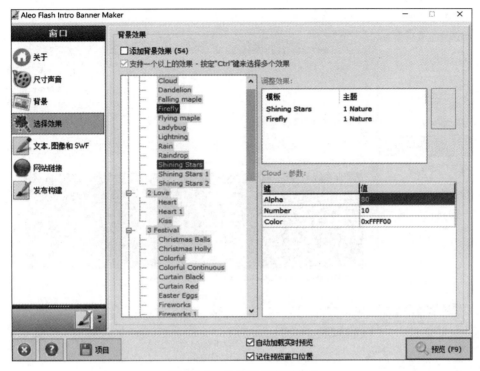

图 7-2-8　主标题文字制作 1

图 7-2-9　主标题文字制作 2

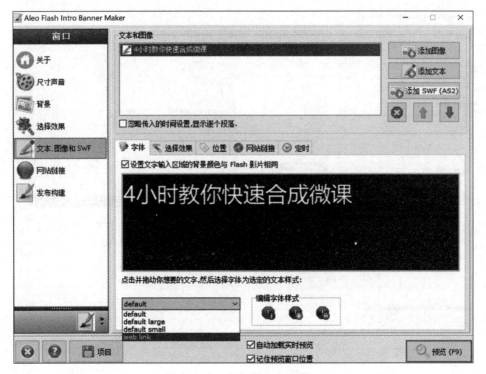

图 7-2-10　主标题文字制作 3

图 7-2-11　主标题文字制作 4

为满足用户的需求,系统提供了 Classic char based、Classic line based、Modern char based、Modern line based 四类 Flash 效果。如图 7-2-9 所示界面中,单击"选择效果"菜单项,设置效果为 Classic char based|Zoom out,如图 7-2-12 所示。

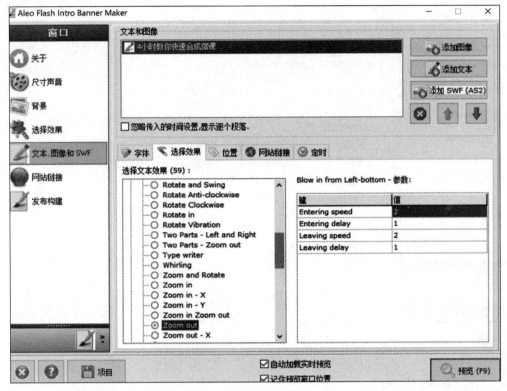

图 7-2-12   主标题文字制作 5

如图 7-2-12 所示界面中,单击"位置"选项,设置水平偏移量为"170",垂直偏移量为"-150",如图 7-2-13 所示。

可进一步设置"定时"选项,设计完成后,发布我们的设计成果。

主标题效果制作完成后,继续制作副标题效果。

同理设置 Flash 动画的分辨率为 1280×720,设置背景颜色填充方案为纯黑色。取消选中"添加背景效果"复选框。

单击"文本、图像和 SWF"菜单项,删除一个默认添加的文字效果,修改剩下的文本中的文字为副标题中的文字"——基于 PPT 的快速慕课(MOOC)合成方法"。

设置文本模板为 web link。单击编辑字体样式快捷图标,设置字体为"汉仪橄榄体简",大小为 60。单击"选择效果"菜单项,设置效果为 Classic char based|Zoom out - X。单击"位置"选项卡,设置水平偏移量为"170",垂直偏移量为"150"。

设计完成后,发布我们的设计成果。

组成片头的三个独立的视频制作完成后,可利用视频编辑软件将这三个视频合成为片头。

图 7-2-13　主标题文字制作 6

思考与练习

7.2.1　为什么在制作构成本单元片头的三个独立的视频时,只有拉幕效果的视频添加了背景,其余的均采用了纯色背景?

视频

7.3　利用 Aleo Flash Intro Banner Maker 制作引言中的片尾视频

理解了 Aleo Flash Intro Banner Maker 的运用方法之后,下面利用该软件制作引言中的片尾视频。

要快速制作出片尾,应确定片尾的背景及其效果、构成片尾的文字及图像。先预览引言中的片尾视频的实际效果,如图 7-3-1 和图 7-3-2 所示。

根据片尾视频的实际效果,可总结构成该片尾的三个基础媒体元素为黑色背景及效果、作者信息文字和版权信息文字。

其中,两个文字效果和背景效果同时播放,版权信息文字效果在作者信息文字效果之后播放。可见,该片尾为一个独立的视频,包括三个 Flash 效果。

下面,进入 Aleo Flash Intro Banner Maker,具体演示该片尾的制作过程。

单击"尺寸声音"菜单项,设置 Flash 动画的分辨率为 1280×720,取消选中"在 Flash

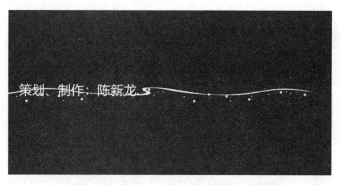

图 7-3-1　引言片尾效果 1

图 7-3-2　引言片尾效果 2

影片中播放背景音乐"复选框。

　　单击"背景"菜单项，设置背景颜色填充方案为纯黑色。

　　单击"选择效果"菜单项，设置背景 Flash 效果为 Light and Shadow｜Floating，进一步设置 Floating 效果参数，如设置 Moving Speed 值为 5，如图 7-3-3 所示。

　　单击"文本、图像和 SWF"菜单项，系统启动时，默认添加了两个文本效果，直接修改这两个文本效果的内容为我们需要的效果。

　　单击第一个文本，修改文本的文字内容为"策划、制作：陈新龙"。设置文本模板为web link。单击编辑字体样式快捷图标，设置字体为"汉仪橄榄体简"，大小为 60，字体颜色为白色，如图 7-3-4 所示。

　　单击"选择效果"菜单项，设置效果为 Classic char based｜Zoom out。预览效果，效果还可以，保持位置等参数不变。

　　单击第二个文本，修改文本的文字内容为©Copyright 2019。

　　设置文本模板为"web link"。单击编辑字体样式快捷图标，设置字体为"汉仪橄榄体简"，大小为 60，字体颜色为白色。

　　单击"选择效果"菜单项，设置效果为 Classic char based｜Zoom in。预览效果，需要进一步调整。单击"位置"选项，设置水平度为"中心"，偏移量为"－20"，如图 7-3-5 所示。

　　设计完成后，发布我们的设计成果。

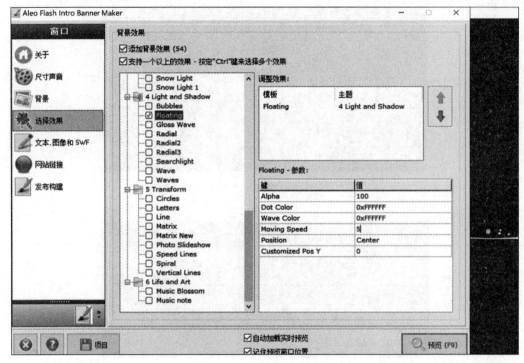

图 7-3-3　引言片尾制作 1

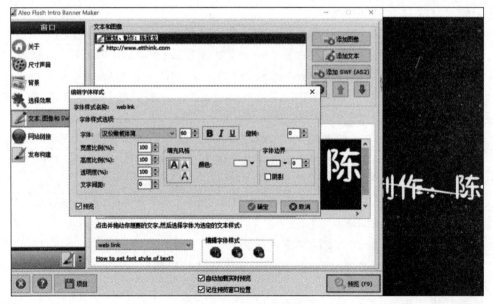

图 7-3-4　引言片尾制作 2

单击"发布构建"菜单项,选择发布文件类型为"发布为视频",如图 7-3-6 所示。
单击"确定"按钮,输入发布后的视频文件的名称,如图 7-3-7 所示。

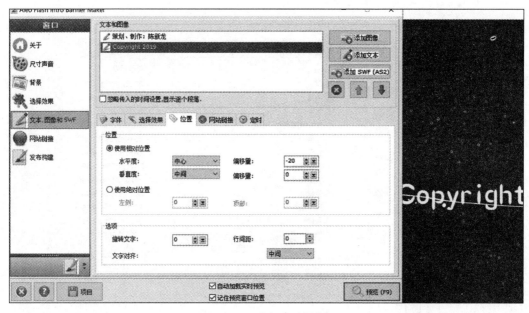

图 7-3-5　引言片尾制作 3

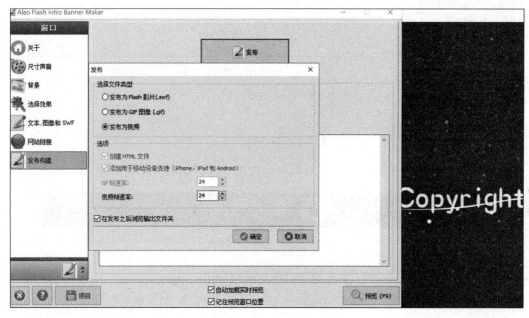

图 7-3-6　引言片尾制作 4

单击"保存"按钮，发布我们的设计成果，系统一边预览一边发布，中途可单击 Stop 按钮停止发布。

图 7-3-7　引言片尾制作 5

习题

1. 利用 Aleo Flash Intro Banner Maker 将图 7-1 制作成 Flash 动画。

图 7-1　习题 1 的图

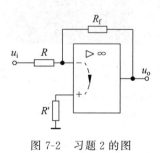

图 7-2　习题 2 的图

2. 利用 Aleo Flash Intro Banner Maker 结合 Balabolka 将下面的教学案例片段制作成教学视频。该教学案例片段的原始脚本如下，涉及的原始图片素材如图 7-2 所示。

如图所示运放电路的两个输入端（图 7-2 中的＋、－）之间的电压几乎等于零，如同将该两点短路一样。但是该两点实际上并未真正被短路，只是表面上似乎短路，因而是虚假的短路，故将这种现象称为"虚短"。

3. 利用 Aleo Flash Intro Banner Maker 将图 7-3 制作成 Flash 动画。

4. 利用 Aleo Flash Intro Banner Maker 将图 7-3 制作成微信表情包。

5. 利用 Aleo Flash Intro Banner Maker 制作一个微信拜年表情包。

图 7-3　习题 3、4 的图

第 8 章

微课进阶利器 5：利用 Premiere CC 合成慕课视频

PPT

Adobe Premiere 是一款优秀的非线性视频编辑软件，可为高质量的视频处理提供完整的解决方案，广泛应用于广告和电视节目制作中。为了制作更高质量的微课视频，可使用 Adobe Premiere 对前面制作的初步视频进行后期合成与处理。

8.1 视频编辑软件 Premiere CC 简介

Adobe Premiere CC 的最新版本为 Premiere CC 2020，本书使用的 Premiere 版本为 CC 2018，运行环境要求为 64 位的 Windows 系统。

视频是有制式的，如老式的国产电视机无法在美国收看美国的电视节目，原因是中国的电视节目和美国的电视节目制式不同，老式电视机只支持一种制式。

理解"视频是有制式的"是进行视频编辑的基础。当然，各种格式的数字视频是通过视频编辑软件制作完成的，要用视频编辑软件编辑视频，首先应建立视频编辑项目，因此，建立视频编辑项目是利用 Premiere 编辑制作视频的第一步。因为最终的视频是有制式的，所以要准确编辑并导出需要的视频，首先应为建立的视频编辑项目设置编辑模式。

视频

8.1.1 建立视频编辑项目

下面进入 Premiere CC，具体演示视频编辑项目的建立及编辑模式的设置方法。

启动 Premiere CC，系统进入其开始界面，如图 8-1-1 所示。

图 8-1-1 Premiere CC 的开始界面

选择"新建项目"，在随后弹出的"新建项目"面板中，输入文件名称并单击"确定"按钮，如图 8-1-2 所示。

图 8-1-2 中所示的视频编辑项目为空白项目，各面板均无内容。导入一个素材到项目面板中，拖动导入的素材到时间线。可以看到，时间线上已经有了内容，如图 8-1-3 所示。

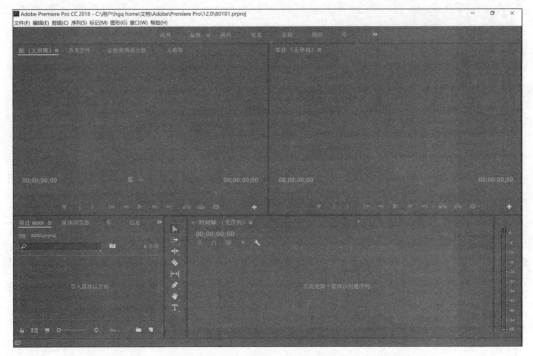

图 8-1-2　空白项目的界面

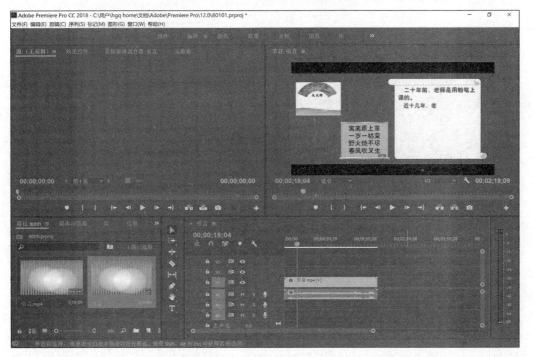

图 8-1-3　放置了素材的项目的界面

选择"序列|序列设置"菜单命令，进入"序列设置"面板，如图 8-1-4 所示。

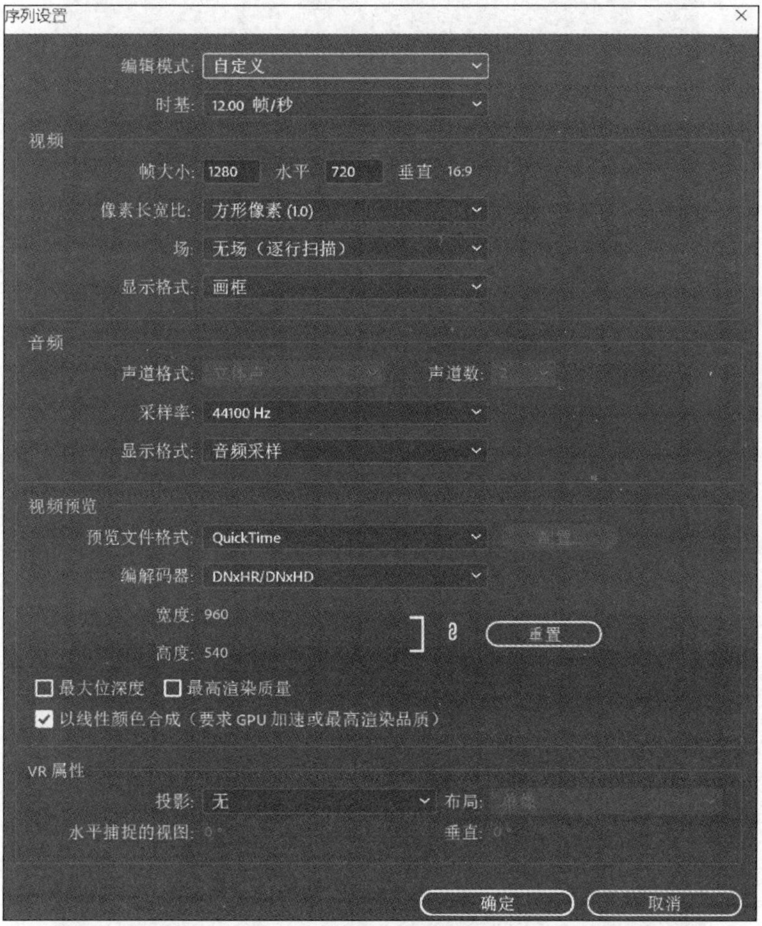

图 8-1-4 序列设置 1

当前序列的编辑模式为自定义，视频预览分辨率为 960×540，导入的视频素材分辨率为 1280×720。视频预览分辨率对应最终导出的效果，项目的视频预览分辨率与导入素材的原始分辨率不一致。

展开"编辑模式"下拉列表，设置模式为"AVC-Intra 100 720p"，如图 8-1-5 所示。

图 8-1-5 中，序列的分辨率变成 1280×720。展开"预览文件格式"下拉列表，设置预览文件格式为"MPEG 1-Frame"。选中"最高渲染质量"复选框，如图 8-1-6 所示。

图 8-1-6 中，系统建议将"优化渲染"首选项设置为"内存"，单击"确认"按钮，表示已经阅读了系统的建议。

继续选中"最大位深"复选框，系统建议将"优化渲染"首选项设置为"内存"，单击"确定"按钮，表示已经阅读了系统的建议。

单击"确定"按钮保存设置。

下面将"优化渲染"首选项设置为"内存"。

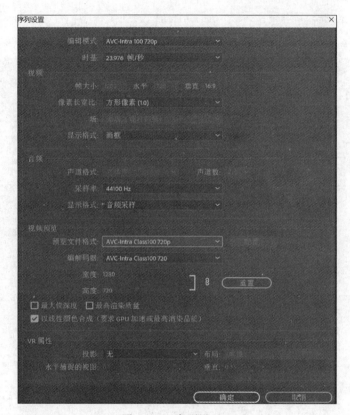

图 8-1-5 序列设置 2

图 8-1-6 序列设置 3

选择"编辑|首选项"菜单命令，展开该子菜单，如图 8-1-7 所示。

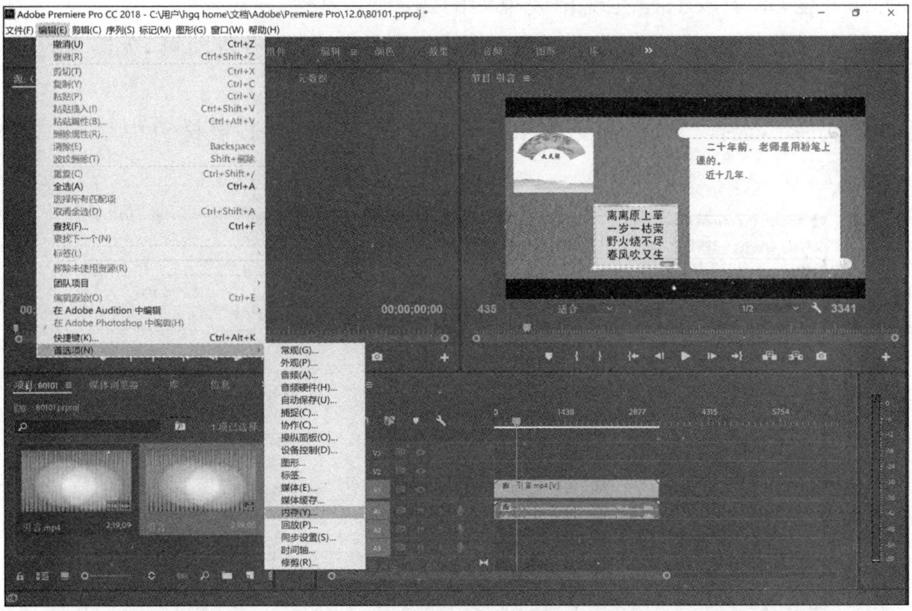

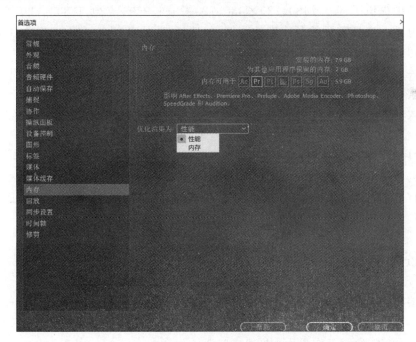

图 8-1-7 序列设置 4

选择"内存"菜单项，进入"首选项"设置面板，如图 8-1-8 所示。"优化渲染"首选项默认设置为"性能"，将该首选项设置为"内存"，单击"确定"按钮，完成"优化渲染"首选项设置，进而完成视频编辑项目的建立及编辑模式的设置。

图 8-1-8 序列设置 5

Premiere 是一款非常专业的设计工具,各种设置比较复杂。当然,也可通过打开设置好的项目工程,基于该工程实现相关视频的编辑。

可选择素材包中需要的分辨率的项目范例,直接打开该项目即可,无需自己设置。

下面介绍具体的操作方法。

启动 Premiere,选择"开始|打开项目"菜单命令,选择本书素材包中目录,如图 8-1-9所示。

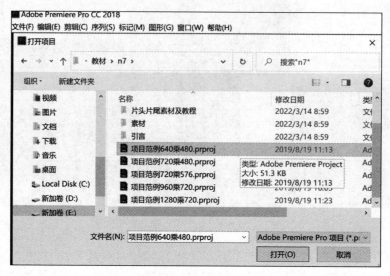

图 8-1-9　序列设置 6

素材包中提供了 640×480、720×480、720×576、960×720、1280×720 等多种分辨率的项目范例。选择需要的分辨率的范例,如选择"项目范例 640 乘 480"项目文件,单击"打开"按钮,进入 Premiere 工作界面。

导入一个素材到项目面板中,拖动导入的素材到时间线。删除之前时间线上内容。将放置的素材移动到开始位置。

当导入的素材分辨率与范例项目的分辨率不吻合时,也可修改项目设置,使其与素材一致。

选择"序列|序列设置"菜单命令,进入"序列设置"面板。当前序列分辨率为 640×480,导入的素材分辨率为 720×576。因此修改分辨率为 720×576。

通过打开素材包中需要的分辨率的项目范例,简单修改分辨率即可完成项目的建立。对视频编辑不太熟悉的人员建议采用此方法建立视频编辑项目。

8.1.2　Premiere 的界面与工具

了解编辑项目的建立及编辑模式的设置方法之后,下面继续介绍 Premiere 的界面与工具。

Premiere CC 参考工作界面如图 8-1-10 所示。

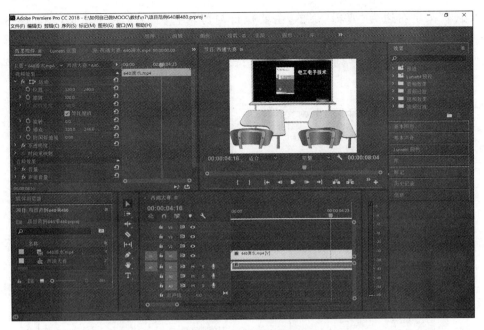

图 8-1-10 界面与工具

最上面为标题菜单栏，可选择相应的菜单进行相关操作。

最左边为"文件"菜单，主要执行项目及视频编辑涉及的素材等方面的文件操作，如图 8-1-11 所示。

"文件"菜单右边为"编辑"菜单，主要执行对原始素材的简单编辑操作，如图 8-1-12 所示。

图 8-1-11 "文件"菜单    图 8-1-12 "编辑"菜单

"编辑"菜单右边为"剪辑"菜单，主要执行与剪辑相关的简单处理操作，如图 8-1-13 所示。

"剪辑"菜单右边为"序列"菜单，主要执行对序列的简单设置操作，如图 8-1-14 所示。

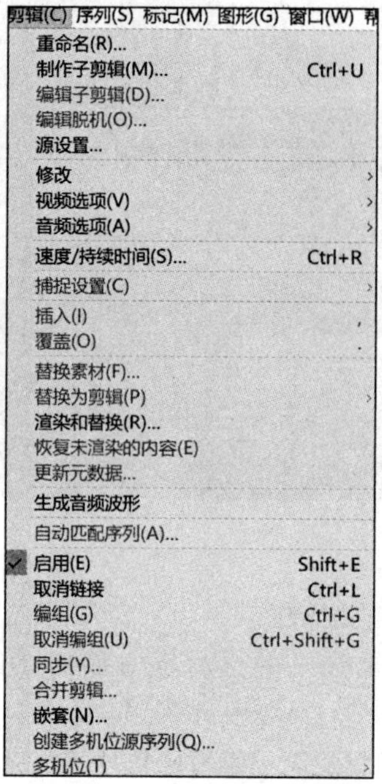

图 8-1-13 "剪辑"菜单

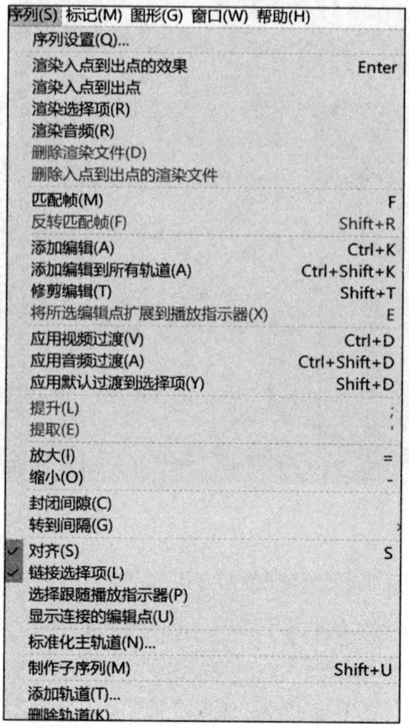

图 8-1-14 "序列"菜单

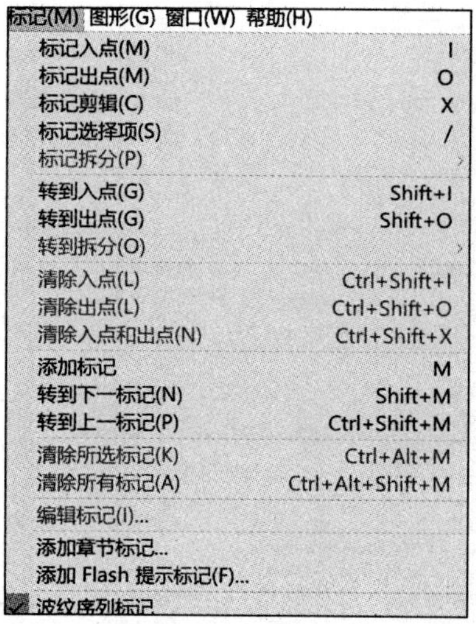

图 8-1-15 "标记"菜单

"序列"菜单右边为"标记"菜单，主要用于对入点、出点等视频编辑中涉及的标记等方面的简单设置操作，如图 8-1-15 所示。

Premiere CC 最右边的三个菜单分别是"图形""窗口""帮助"。

完全理解 Premiere CC 的菜单功能需要理解序列、剪辑、入点、出点等视频编辑的基础概念，将结合后面的内容进一步介绍。

如图 8-1-10 所示工作界面的左下角为"项目"面板，用于导入组织视频编辑制作涉及的相关素材。当然，Premiere 有很多任务面板，常将各种任务面板组合在一个区域。如"项目"面板区域也组合了"媒体浏览器"面板，可单击切换到"媒体浏览器"面板。

图 8-1-10 中,单击"项目"面板上方的"媒体浏览器",将"项目"面板切换到"媒体浏览器"面板,如图 8-1-16 所示。

可通过"媒体浏览器"面板,浏览相关目录下的相关媒体。将光标指向该媒体,右击,将弹出操作菜单,如图 8-1-17 所示。

图 8-1-16　媒体浏览器 1

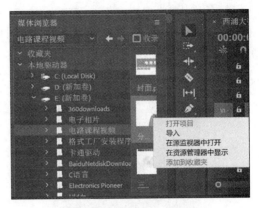

图 8-1-17　媒体浏览器 2

图 8-1-17 中,通过"媒体浏览器"面板,浏览了"E:\电路课程视频"下面的媒体。图中,光标指向了第二个视频媒体,可选择弹出菜单中的"导入",将该视频导入当前项目中。

素材导入当前项目后,系统自动切换到"项目"面板,如图 8-1-18 所示。

"项目"面板中的素材有两种视图:如图 8-1-10 所示工作界面的"项目"面板的视图为列表视图,列表中有两项,其中,"640 滴水. mp4"为导入项目的素材;"西浦大赛"为素材放置到右边的时间线面板后,系统自动创建的时间线序列。如图 8-1-18 所示"项目"面板中的视图也为列表视图,列表中有三项。图中的"分析电路的几个基础术语"为刚才导入的视频素材。

图 8-1-18 中,"列表视图"快捷图标 被按下,表示"项目"面板当前的视图模式为列表模式。列表模式下,可浏览素材的相关信息,将光标指向相关素材并停留,将弹出素材的相关信息,如图 8-1-19 所示。

图 8-1-18　"项目"面板 1

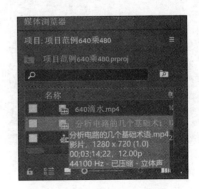

图 8-1-19　"项目"面板 2

图 8-1-19 中显示，素材"分析电路的几个基础术语.mp4"类型为"影片"剪辑，分辨率为 1280×720，时间长度为 3 分 14 秒 22。

可单击"图标视图"快捷图标 ▦ ，将"项目"面板视图切换到图标视图，如图 8-1-20 所示。图中，以图标展示可用于当前编辑项目中的素材，共有三个素材，即两个影片剪辑，一个序列（名称为"西浦大赛"）。

图 8-1-20 中显示，序列"西浦大赛"持续时间为 8 秒 04，为影片等素材放置到时间线后，系统根据当前时间线上的设置自动创建的。

在"项目"面板空白区域右击，将弹出快捷菜单，如图 8-1-21 所示。

图 8-1-20 "项目"面板 3

图 8-1-21 "项目"面板 4

可选择"导入"，在随后出现的"导入"面板中，选择具体的素材并导入项目中。

也可选择"文件|导入"菜单命令，选择具体的素材并导入项目中。

"项目"面板右边的较大面积的区域为时间线窗口，如图 8-1-22 所示。

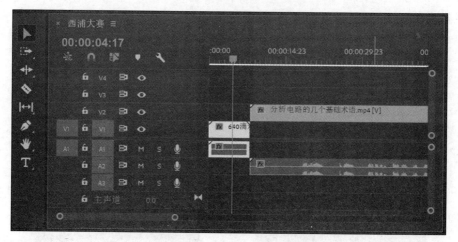

图 8-1-22 时间线窗口 1

时间线是 Premiere 视频编辑中的重要概念，时间线窗口是用于合成组织编排各种素材、应用各种特效的主窗口。

图 8-1-22 所示窗口中最上方的标题"西浦大赛"为本编辑项目对应序列的名称。

当时间线上数据为如图 8-1-22 所示数据时，"项目"面板上的"西浦大赛"序列的信息如图 8-1-23 所示。

图 8-1-23 中显示，"西浦大赛"序列持续时间为 3 分 22 秒 17。

如图 8-1-20 所示序列"西浦大赛"持续时间为 8 秒 04，为什么如图 8-1-22 所示序列"西浦大赛"持续时间却为 3 分 22 秒 17？

对照图 8-1-10 及图 8-1-22 的时间线窗口。如图 8-1-10 所示时间线上仅放置了"640 滴水.mp4"一个影片剪辑，持续时间为 8 秒 04，因此如图 8-1-20 所示的

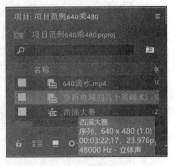

图 8-1-23　序列的信息数据

序列"西浦大赛"持续时间为 8 秒 04。如图 8-1-22 所示时间线上放置了两个影片剪辑，持续时间为 3 分 22 秒 17，因此如图 8-1-22 所示的序列"西浦大赛"持续时间为 3 分 22 秒 17。

基于上面的分析，可总结(影片)剪辑、序列、时间线等视频编辑的基础概念的含义如下：可将剪辑理解为视频编辑的基本单位，可对每个剪辑应用视频编辑效果。时间线是组织、编排剪辑等基础素材的时间顺序，是视频编辑的主要内容。序列是基于准备好的素材实现一个具体的时间线的方案。

如图 8-1-22 所示时间线窗口标题下面的数字序列为当前帧位置，图中显示，当前帧位置为 4 秒 17。

当前帧位置数字序列下方的五个快捷图标为用于时间线设置的五个快捷图标。

最左边的 图标为"将序列作为嵌套或个别剪辑插入并覆盖"设置图标。图 8-1-22 中，该图标已被按下。 图标为"对齐"设置图标。图 8-1-22 中，该图标也已被按下。当该图标被按下时，时间线上的素材系统将自动对齐。

 为"链接选择项"图标。如图 8-1-22 所示时间线窗口中，该图标已被按下，视频剪辑将按照逻辑关系自动链接音频剪辑。图 8-1-22 中，影片剪辑"640 滴水.mp4"被选择，则视频剪辑和音频剪辑同时被选择。

当抬起 图标时，视频剪辑不自动链接对应的音频剪辑。如图 8-1-22 所示时间线窗口中，抬起 图标，单击"640 滴水.mp4"影片剪辑，如图 8-1-24 所示。

图 8-1-24 中，"640 滴水.mp4"影片剪辑被选中，但相应的音频剪辑并未被选择。

 为"添加标记"图标。在视频编辑中，有些特殊的帧位置需要记忆，可通过"添加标记"给当前帧位置添加一个标记，以方便以后移动当前帧到该位置。

如图 8-1-22 所示时间线窗口中，单击 图标，参考界面如图 8-1-25 所示。图 8-1-25 中，当前帧位置已添加了一个标记。之后，可单击该标记回到该位置。

如图 8-1-25 所示界面中，可再次单击 图标设置该标记。

也可用光标指向该标记，右击，将弹出"标记操作"菜单，如图 8-1-26 所示。

 为"时间轴显示设置"图标。单击该图标，将弹出"时间轴显示设置"菜单，如图 8-1-27 所示。可根据编辑需要，勾选相关的显示开关。

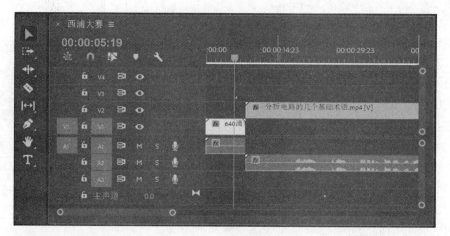

图 8-1-24 时间线窗口 2

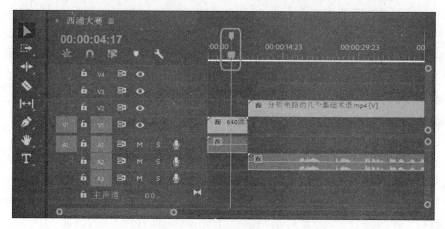

图 8-1-25 时间线窗口 3

图 8-1-26 弹出菜单 1　　　　图 8-1-27 弹出菜单 2

时间线窗口中间的大部分区域为时间线设计主界面。界面中的一行对应一个轨道。上半区为视频轨道区。图中，包括 V1～V4 四个视频轨道。下半区为音频轨道区，图中，包括 A1～A3 及主声道四个音频轨道。

每个轨道可包括多个（剪辑）数据块。图中，有两个数据块。滑轨指示的蓝线位置表示当前帧的位置。

下方滑轨为轨道缩放控制，可拖动滑轨适当缩放时间线窗口。

时间线窗口的左边为工具栏，从上到下共有 8 个工具。

最上方的工具 为"选择工具"。这个选择工具类似于人的手，可以对影片剪辑文件进行选择、将选中的文件拖动至其他轨道、对选中的文件进行右击菜单管理，单击选择轨道上的剪辑数据块等，是最常用的工具。

选择工具下方的 为"向前选择轨道工具"。该图标右下角含有 ，表示该图标为工具组。单击该小三角，将弹出工具组，如图 8-1-28 所示，可选择相关的工具并改变当前工具。

图 8-1-28　选择轨道工具组

当一条轨道上有多个剪辑数据块时，利用"向前选择轨道工具"，会选中当前轨道上当前剪辑后方的所有剪辑。在工具栏按下 ，将光标指向某轨道，光标形状将变为 ，单击，界面如图 8-1-29 所示。

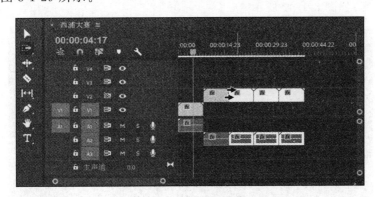

图 8-1-29　向前选择轨道工具

图 8-1-30　波纹编辑工具组

选择轨道工具下方的工具 为"波纹编辑工具"。该图标右下角也含有小三角 ，表示该图标也为工具组。单击该小三角，将弹出工具组，如图 8-1-30 所示。

要理解"波纹编辑工具"，首先应理解视频编辑中的"入点"和"出点"。"入点"可理解为某个视频剪辑块开始处对应素材的实际位置，"出点"可理解为某个视频剪辑块结束处对应素材的实际位置。

可利用选择工具改变剪辑的入点和出点。单击选择工具，将光标指向某剪辑的开始处，光标将变为 ，按下并向右拖动鼠标，将改变剪辑的入点，加大入点的开始时间。当该剪辑具有减小入点开始时间的可能时，将光标从左边靠近某剪辑的开始处，光标将变为 ，按下并向左拖动鼠标，将改变剪辑的入点，减小入点的开始时间。

也可利用"波纹编辑工具"改变剪辑块的入点和出点。按下该工具,光标指向某个剪辑的两端,调整剪辑长度,前方或者后方的剪辑会自动吸附,确保相邻剪辑块之间没有空白帧。

单击"波纹编辑工具",将光标指向某剪辑块,当光标变为 时,不可改变该剪辑块的入点或出点。将光标指向某剪辑块的开始处,光标将变为 ,如图 8-1-31 所示。

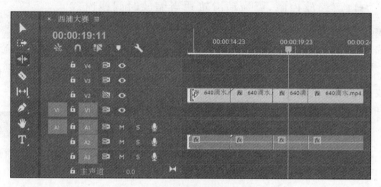

图 8-1-31　波纹编辑工具 1

按下并向右拖动鼠标,将改变剪辑的入点,加大入点在原始素材中的开始时间,缩小该剪辑块的长度,如图 8-1-32 所示。

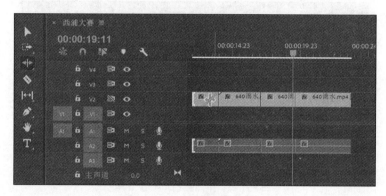

图 8-1-32　波纹编辑工具 2

对照图 8-1-31 和图 8-1-32,图 8-1-32 中,调整之后的第一个剪辑块的长度显著小于图 8-1-31 中剪辑块的长度,但后面的各剪辑块自动吸附上来,轨道数据的总长度相应地减少了。

"波纹编辑工具"的特点是只改变一个剪辑块的长度,前方或者后方的剪辑块在编辑后会自动吸附。可利用"滚动编辑工具",同时改变两个剪辑块的长度,而总长度保持不变。

单击"滚动编辑工具",将光标指向某剪辑块,当光标变为 时,不可改变剪辑块的入点或出点。将光标指向两个剪辑块的结合处,光标将变为 ,按下鼠标并向右滑动,再松开鼠标,界面如图 8-1-33 所示。

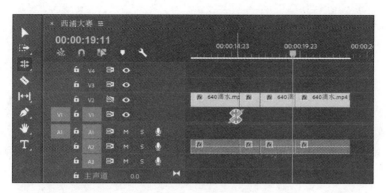

图 8-1-33　滚动编辑工具

对照图 8-1-32 和图 8-1-33，二者的轨道数据长度相同。图 8-1-33 中，调整并增大了第一个剪辑块的长度，为确保总长度不变，相应地自动减小了第二个剪辑块的长度。

比例拉伸工具也可改变剪辑块的长度。"波纹编辑工具""滚动编辑工具"是通过改变剪辑块的"入点""出点"等改变剪辑块的长度。比例拉伸工具不改变剪辑块的"入点""出点"，而是通过改变剪辑块的播放速率改变剪辑块的长度，可实现慢放或快放的视频效果。

单击比例拉伸工具，将光标指向某剪辑块，当光标变为 ▒ 时，不可对剪辑块进行拉伸。将光标指向剪辑块的开始或结束处，光标将变为 ▒ ，可按下鼠标向左或向右滑动来拉伸剪辑块。拉伸最后一个剪辑块的参考界面如图 8-1-34 所示。

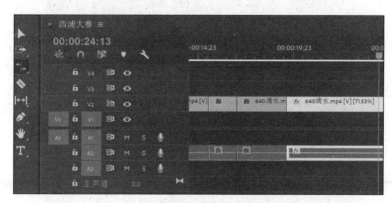

图 8-1-34　比例拉伸工具

图 8-1-34 中，最后一个剪辑块的名称之后附有[]，[]中的内容为 71.53%，表示该剪辑块播放速度为正常速度的 71.53%，相当于慢放，实际上增加了剪辑块的长度。

"波纹编辑工具"下方的 ▒ 为"剃刀工具"，是最常用的工具。PR 视频编辑中，一个特效针对一个视频剪辑起作用，常使用"剃刀工具"将一个视频剪辑分割成多个剪辑。

"剃刀工具"下方的 ▒ 为"外滑工具"，该图标右下角也含有小三角 ▒ ，表示该图标也为工具组。单击该小三角，将弹出工具组，如图 8-1-35 所示。

"外滑工具"下方的 ▒ 为"钢笔工具"，该图标右下角也含有小三角 ▒ ，表示该图标也为工具组。单击该小三角，将弹出工具组，如图 8-1-36 所示。

图 8-1-35　"外滑"工具组

图 8-1-36　"钢笔"工具组

"钢笔工具"下方的 ![手] 为"手形工具",该图标右下角也含有小三角 ![三角],表示该图标也为工具组。单击该小三角,将弹出工具组,如图 8-1-37 所示。

"手形工具"下方的 ![T] 为"文字工具",该图标右下角也含有小三角 ![三角],表示该图标也为工具组。单击该小三角,将弹出工具组,如图 8-1-38 所示。

图 8-1-37　"手形"工具组

图 8-1-38　"文字"工具组

"文字工具"是常用工具之一,将结合后面的"预览"面板、"效果"面板等进行进一步介绍。

时间线窗口的右上角为"效果控件"面板。该区域也组合了多个面板,如源(信息)面板、历史记录面板、Lumetri 范围面板等,"效果控件"面板如图 8-1-39 所示。

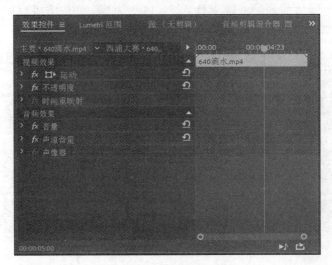

图 8-1-39　"效果控件"面板

Premiere 具有非常丰富的特效,包括音频、视频两大类特效。每一大类又包括整体效果和过渡效果两类。

整体效果是指该特效对整个数据块均起作用。如 8.2 节重点介绍的抠像效果便属于整体效果。

过渡效果主要用于两个数据块之间的过渡,也可用于单个数据块的开始效果或结束效果。

过渡效果本质上是 A 帧到 B 帧之间的过渡,某特效的综合界面如图 8-1-40 所示。

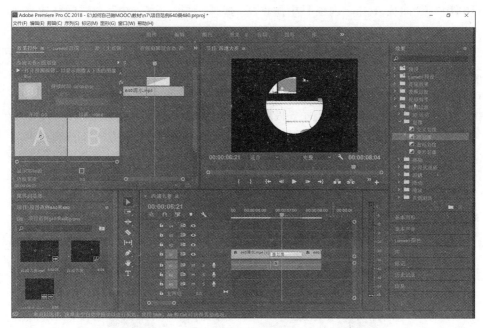

图 8-1-40　过渡效果

图 8-1-40 中,应用了系统的预置过渡特效"圆划像"。图中,过渡特效"圆划像"有 A、B 两个关键帧,A 帧对应"圆划像"效果的 0%,B 帧对应"圆划像"效果的 100%,整个过渡效果持续时间为 1 秒 01。

"效果控件"面板集成了多个其他面板。如图 8-1-39 所示"效果面板"界面中,单击"Lumetri 范围",可将"效果控件"面板切换到"Lumetri 范围"面板。可利用"Lumetri 范围"面板调整视频剪辑的颜色。

可利用"效果控件"面板集成的"源"面板查看视频剪辑的源信息,界面如图 8-1-41 所示。

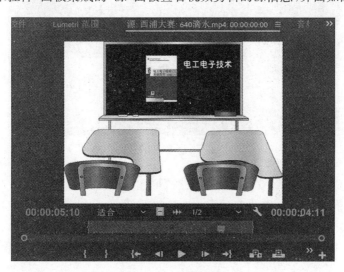

图 8-1-41　"源"面板

可利用"源"面板查看导入项目中的素材的原始效果,设置放置到时间线上的影片剪辑的入点、出点等。

时间线窗口的上方为"节目监视"面板,用于观看视频合成效果。可单击播放按钮▶,预览制作效果。

可利用工具栏中的文字工具T,直接在某个视频剪辑上书写文字。

按下文字工具T,将光标指向节目监视面板中的合适区域,当光标变为T时单击,输入需要的文字。如图8-1-42所示,利用文字工具,直接在预览的视频剪辑效果上书写了文字"电工电子"。

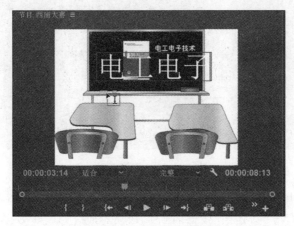

图 8-1-42　文字工具应用1

当使用文字工具直接书写文字时,系统将书写的文字当成矢量图形处理,时间线上放置了相应的矢量图形,如图8-1-43所示。

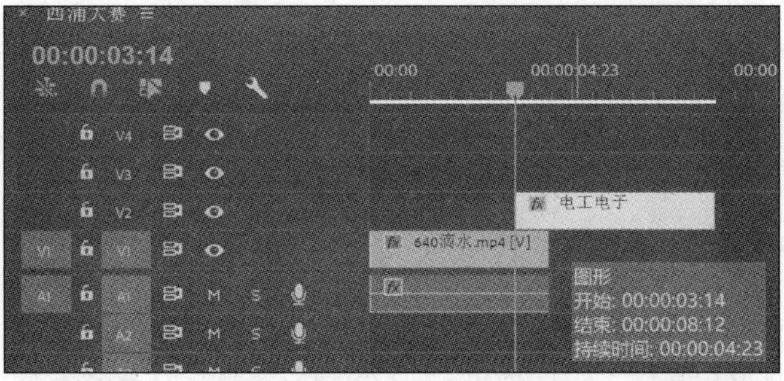

图 8-1-43　文字工具应用2

如图8-1-42所示的文字效果不令人满意,可在时间线上选中名称为"电工电子"的矢量图形数据块,单击"效果控件"面板,进入矢量图形(文字)效果控件设置界面,如图8-1-44所示。

通过如图8-1-44所示"效果控件"面板,设置输入文字的字体、字形、大小及颜色等参数。

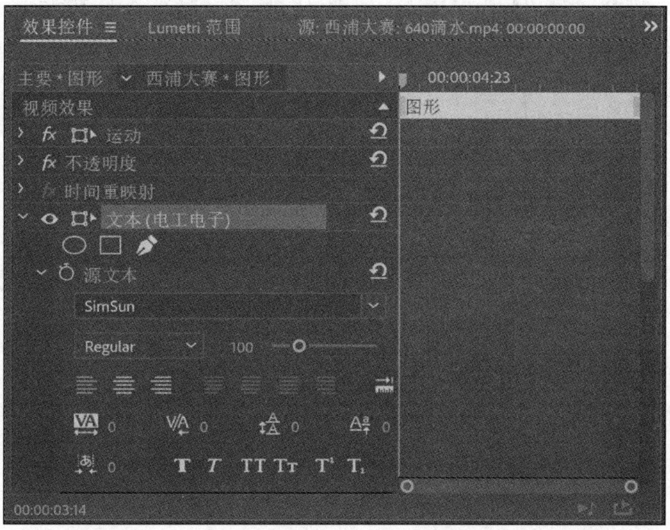

图 8-1-44　文字工具应用 3

当书写的文字在预览窗口中的位置不合适时，可展开效果控件中"运动"属性，如图 8-1-45 所示。

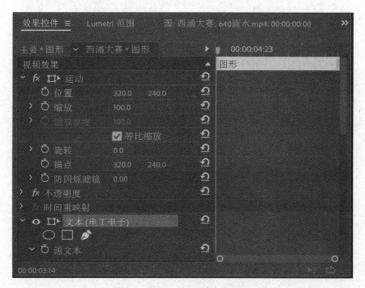

图 8-1-45　文字工具应用 4

由图 8-1-45 可看出，"运动"属性包括"位置""缩放""旋转"等参数，可通过设置这些参数，进一步调整和设置文字的属性，实现更好的视觉效果。

利用文字工具书写的文字为时间线上的（矢量图形）剪辑，直接放置到了时间线上。此外，系统还提供了字幕功能，可实现更丰富的字幕效果。可选择"文件|新建|字幕"菜单命令，为当前视频编辑项目建立字幕。之后，可将字幕放置到时间线。

Premiere CC 具有强大的视频编辑、制作功能，涉及众多的面板。为方便更好地编辑、制作视频，系统提供了多种编辑工作界面。"标题"菜单栏下方为编辑工作界面选择栏，如图 8-1-46 所示。

图 8-1-46 编辑工作界面选择栏

系统默认为"效果选择应用"编辑工作界面，适合对剪辑应用各种效果，如图 8-1-40 所示。

图 8-1-47 右侧为系统预置的各种效果。时间线上显示了已经应用到具体剪辑上的特效。图中，应用了"圆划像"效果到第二个剪辑。左上角为效果控件，可具体设置应用到剪辑上的效果。

如图 8-1-46 所示界面中，单击"图形"菜单，可将编辑界面切换到"图形"编辑工作模式，如图 8-1-47 所示。

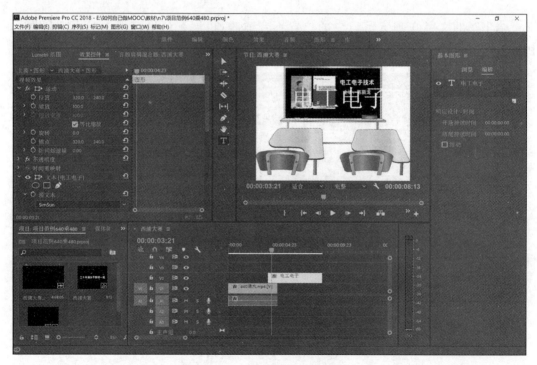

图 8-1-47 图形编辑工作界面

由图 8-1-47 可看出，"图形"编辑工作模式更适于编辑图形。单击"颜色"菜单，可将编辑界面切换到"颜色"编辑工作模式，如图 8-1-48 所示。

由图 8-1-48 可看出，"颜色"编辑工作模式主要用于调整剪辑的颜色。右边窗口为系统预置的颜色调整方案，可选择系统预置的调整方案来调整剪辑的颜色。

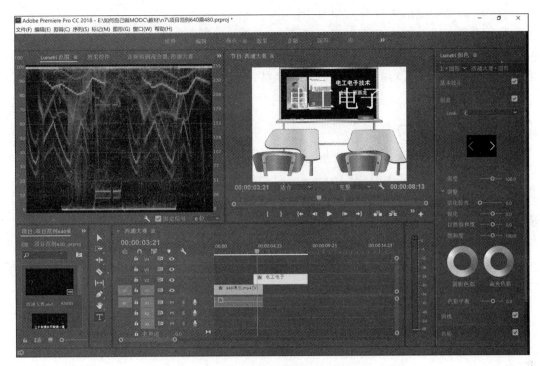

图 8-1-48　颜色编辑工作界面

有兴趣的读者可查阅相关书籍，进一步理解"组件""编辑""音频""库"等工作界面。

8.1.3　利用 Premiere 合成微课视频的步骤

有读者可能说，"Premiere 的界面怎么这么复杂，这么多的组合面板，估计学习起来比较费时。为什么推荐我们使用这个软件进行最终视频合成？有没有简单点的视频编辑工具？"。

简单的视频编辑工具当然是有的。本书基于合成介绍微课视频的制作，合成环节是微课视频制作的最后一个环节，是保证视频质量的核心环节，使用 Premiere 之类的专业类视频编辑制作工具，对改善微课视频效果、提升微课视频的感染力是非常有帮助的。

此外，视频编辑涉及声卡、显卡等底层设备操作，视频资源本身也非常占用计算机资源，因此，利用 Premiere 编辑视频时会经常出现死机、卡顿等现象，记住一定要养成经常保存成果的习惯哦。

本书中，Premiere 仅用于将多个制作好的视频、音频等媒体合成为一个视频，不涉及复杂的视频制作，也不涉及复杂的操作。想深入了解 Premiere 应用技巧的读者，可打开素材包中"片头片尾素材及教程"目录，对照该目录下 Premiere CS3 环境中的视频教程，利用 Premiere 的固定特效，制作出与范例效果类似的片头及片尾效果。

基于上面的分析，可总结利用 Premiere 合成视频的具体步骤如下：

（1）将需要合成的素材导入项目中；

（2）按照逻辑关系放置素材到时间线；

（3）选择需要的过渡效果到各数据块；

（4）按照逻辑关系对齐要并行放置的素材；

（5）导出视频。

 思考与练习

8.1.1 结合图 8-1-42 解释视频编辑中的"入点""出点"。

8.1.2 结合图 8-1-40 解释 Premiere 视频编辑中特效的本质。

8.2 利用 Premiere CC 的抠像技术合成慕课视频

8.1 节指出，本书主要利用 Premiere 实现将多个制作好的视频、音频等媒体合成为一个视频。

本节配套素材包中的"抠像合成素材及效果"目录下有 6 个文件，具体如图 8-2-1 所示。

名称	修改日期	类型	大小
☑ 7-2步骤.mp4	2019/8/22 9:58	MP4 文件	2,409 KB
7-2步骤.pptx	2019/8/22 9:57	Microsoft Power...	612 KB
7-2步骤配音.mp3	2019/8/22 9:45	MP3 格式声音	426 KB
7-2步骤手绘.mp4	2019/7/30 19:47	MP4 文件	2,017 KB
bj.jpg	2019/7/27 7:50	JPG 文件	174 KB
最终效果.mp4	2019/8/22 10:13	MP4 文件	8,961 KB

此电脑 > 新加卷 (E:) > 如何自己做MOOC > 教材 > n7 > 抠像合成素材及效果

7-2步骤.mp4
MP4 文件

时长：00:00:27
大小：2.35 MB
帧宽度：1280
帧高度：720
分级：☆☆☆☆☆
修改日期：2019/8/22 9:58
创建日期：2022/3/14 8:59
帧速率：30.30 帧/秒
数据速率：530kbps
总比特率：701kbps

图 8-2-1 "抠像合成素材及效果"目录

图 8-2-1 中，"7-2 步骤.mp4"为 7-2 步骤.PPTX 导出的初始视频，"7-2 步骤手绘.mp4"为手绘软件导出的初始视频，这两个视频图标的背景均为黑色。bj.jpg 为用于合成的背景图片。

"最终效果"视频为利用抠像技术合成的最终视频，其背景为背景图像。

这种把多个视频或图像素材合成为一个视频时，滤除非背景素材的背景的应用称为抠像。

抠像操作是合成微课视频的基础操作之一。下面进入 Premiere，具体演示如何利用抠像技术合成微课视频。

编辑视频首先应建立编辑视频的项目，可通过打开制作好的项目范例建立视频编辑的项目。如图 8-2-1 中，利用 OFFICE MIX 制作并导出的初始视频"7-2 步骤.mp4"分辨率为 1280×720,该视频是核心视频,因此建立的编辑视频的项目应采用 1280×720 的分辨率。

选择"文件|打开项目"菜单命令,弹出"打开项目"对话框,选择"项目范例 1280 乘720"项目文件,如图 8-2-2 所示。

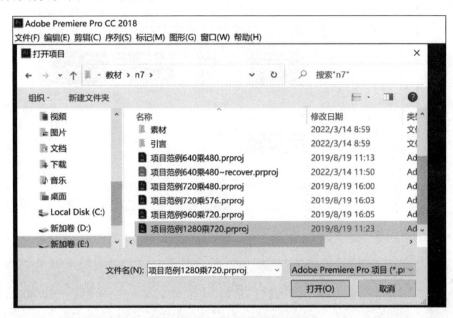

图 8-2-2 新建视频编辑项目

单击"打开"按钮,进入 Premiere 工作界面,"时间线及项目"面板的内容如图 8-2-3 所示。

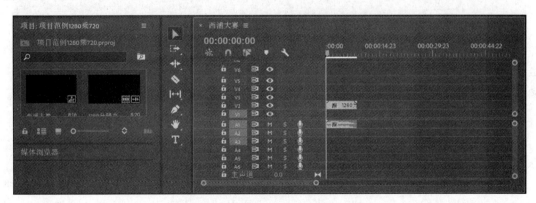

图 8-2-3 "时间线及项目"面板内容 1

选择"文件|导入"菜单命令,弹出"导入"对话框,选择用于合成的四个素材,如图 8-2-4 所示。

单击"打开"按钮,导入用于合成的四个素材到项目面板中,"时间线及项目"的内容如图 8-2-5 所示。

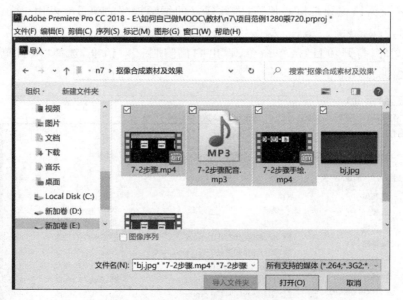

图 8-2-4　导入用于合成的四个素材

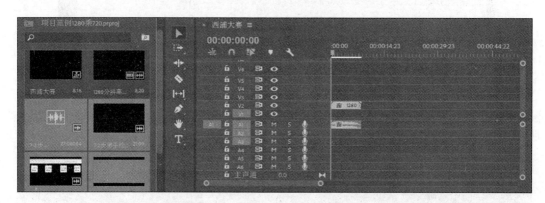

图 8-2-5　"时间线及项目"面板内容 2

图 8-2-5 中,"项目"面板有六个素材,包括导入的四个素材,初始项目中自带的一个视频剪辑及一个序列。

拖动"7-2 步骤.mp4"到时间线,删除之前时间线上的内容。移动素材到开始位置,如图 8-2-6 所示。图 8-2-6 中,预览窗口、效果控件均有内容。

如图 8-2-6 所示界面中,拖动"7-2 步骤.mp4"音频轨道到"上 1 个轨道"(由 A2 拖到 A1),放置背景图像 bj.jpg 到"7-2 步骤.mp4"下面的视频轨道,时间线内容如图 8-2-7 所示。

当前工具为"选择"工具,可直接拖动背景图片 bj.jpg 素材的出点,使上、下两个轨道持续时间相同。

将光标指向 bj.jpg 所在轨道的结束处,当光标变成 ▦ 时,按下并拖动鼠标,通过 bj.jpg 素材的出点到"7-2 步骤.mp4"素材的出点,如图 8-2-8 所示。

图 8-2-6　放置"7-2 步骤.mp4"

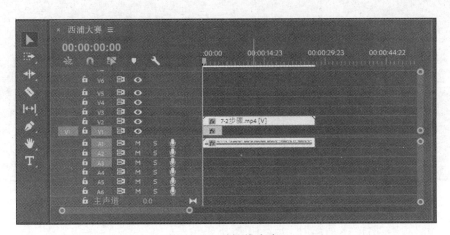

图 8-2-7　时间线内容 3

　　视频合成时，默认效果为上面的素材遮住下面的素材。图 8-2-8 中，素材"7-2 步骤.mp4"遮住了 bj.jpg 素材，因此背景图片并不可见。放置了 bj.jpg 素材并拉伸后，预览窗口显示效果依旧如图 8-2-6 所示。可利用抠像，将上面的素材的黑色背景修改为背景图像。

　　单击选择上面的素材轨道（V2）。展开效果窗口的视频效果的键控效果，选择其中的颜色键效果，如图 8-2-9 所示。

　　拖动"颜色键"视频效果到 V2 轨道。当前轨道上素材块的"效果控件"已经激活，未

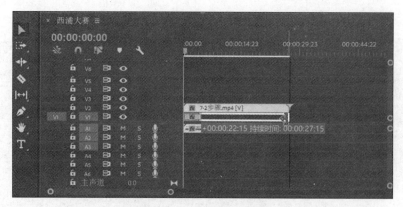

图 8-2-8　时间线内容 4

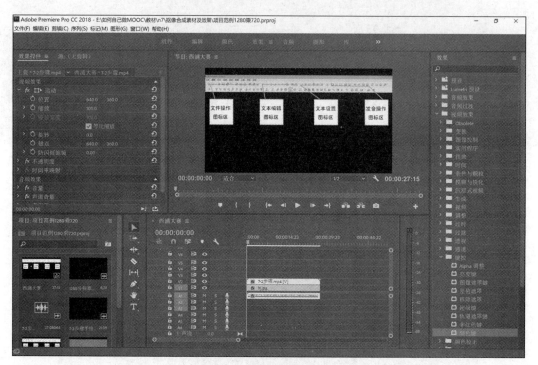

图 8-2-9　颜色键效果的选择

激活时单击"效果控件"激活,如图 8-2-10 所示。

对照图 8-2-9 和图 8-2-10,图 8-2-10 中的"效果控件"增加了颜色键效果的参数设置与调整。

单击选中"效果控件"的"颜色键"的主要颜色的取色笔🖊,白色的取色笔🖊变为蓝色🖊。将光标指向预览窗口的黑色背景处,光标将变为🖊,颜色键控件中的主要颜色也变为黑色,如图 8-2-11 所示。

在预览窗口的黑色背景处单击,预览窗口的黑色背景变为背景图像,初步实现抠像效果,如图 8-2-12 所示。

图 8-2-10　放置颜色键效果

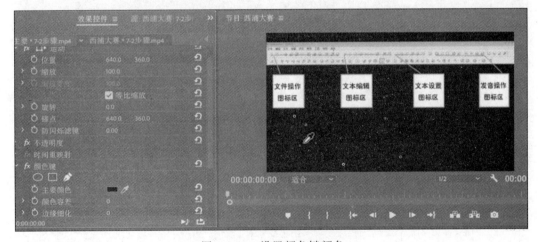

图 8-2-11　设置颜色键颜色

由如图 8-2-12 所示效果不难看出，尽管已初步实现抠像效果，但边框等位置效果欠佳。

可适当设置"颜色容差""羽化边缘"等参数。如"颜色容差"为 8，"羽化边缘"为 2，可实现较好的抠像效果，如图 8-2-13 所示。

前面已指出，PPT 的录制分为音频旁白录制及播放计时、墨迹的录制两个步骤。第二个步骤主要用于录制播放计时及墨迹。当没有在较好的录音环境录制时，音频效果不

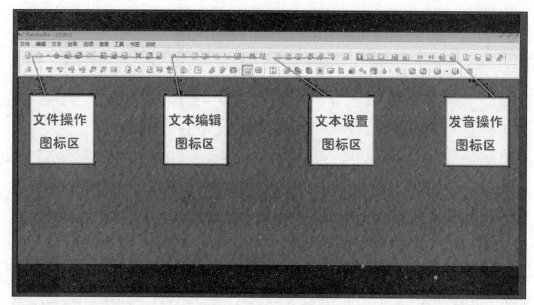

图 8-2-12   初步实现的抠像效果 1

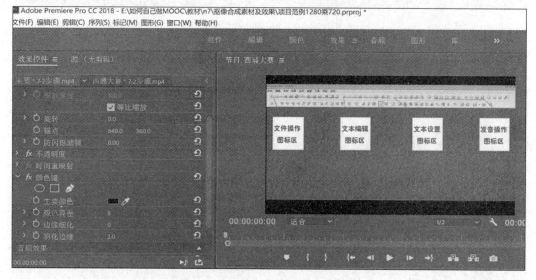

图 8-2-13   初步实现的抠像效果 2

理想,可使用文本转语音软件 Balabolka 输出的原始音频作为视频的伴音。

导入的素材中,"7-2 步骤配音.mp3"为 Balabolka 输出的原始音频,可用该音频替换"7-2 步骤.mp4"中的音频数据。

将当前帧移动到开始位置,拖动音频素材"7-2 步骤配音.mp3"到音频轨道 A2,时间线内容如图 8-2-14 所示。

尽管两个音频轨道内容相同,但正常情况下需要进一步对齐,使视频图像效果和音

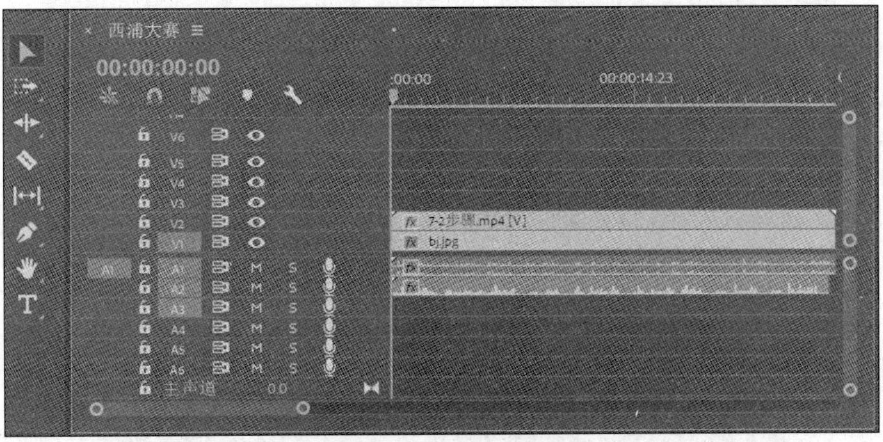

图 8-2-14　时间线内容 5

频素材旁白同步。

单击预览窗口中的播放按钮▶️，预览效果，两个音轨果然不同步。

可利用两个音轨的波形进行对齐。向左滑动时间线缩放控制滑轨，放大时间线窗口中的音轨数据，如图 8-2-15 所示。

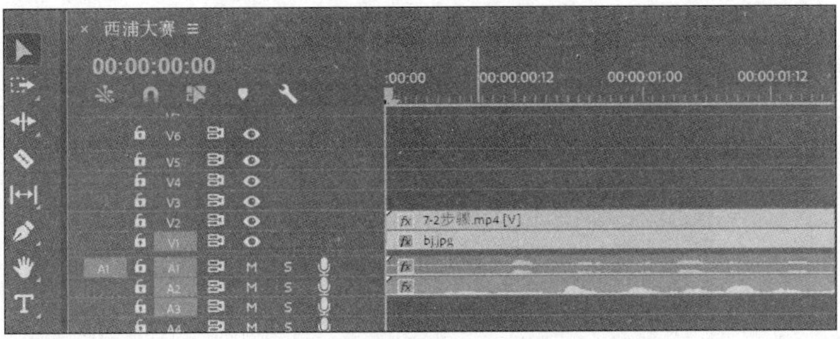

图 8-2-15　时间线内容 6

从波形上看，两个音轨数据并未对齐。拖动 A2 音频数据，将 A2 中的开始数据与 A1 中的开始数据对齐，如图 8-2-16 所示。再次预览效果，两个音轨开始位置已经同步。

继续对齐两个音轨数据的结束处。移动当前帧到结束处。选择比率拉伸工具，拉伸 A2 音频数据，将 A2 中的结束处数据与 A1 中的结束处数据波形对齐，如图 8-2-17 所示。

单击剃刀工具🔪，将 A2 音轨中多余的数据分割成两个剪辑块。单击选择工具▶️，按 Delete 键删除多余的剪辑块，如图 8-2-18 所示。

再次预览效果，两个音轨结束位置也已经同步。

第一个音轨音频数据和其视频图像本身是同步的，第二个音轨已经和第一个音轨同步，可删除第一个音轨数据，仅使用第二个音轨数据。

单击选中"7-2 步骤点 mp4"所在的视频轨道，右击，选择"取消链接"，解除该视频数据中的图像数据和音频数据的链接关系。

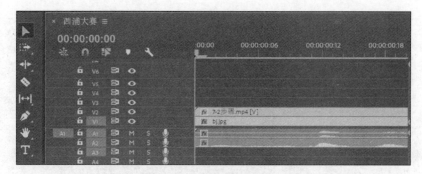

图 8-2-16　时间线内容 7

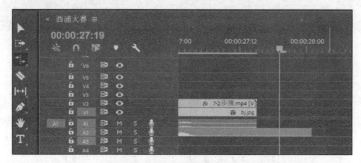

图 8-2-17　时间线内容 8

图 8-2-18　时间线内容 9

单击第一个音轨 A1，按 Delete 键删除，时间线内容如图 8-2-19 所示。

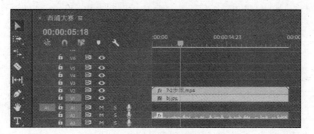

图 8-2-19　时间线内容 10

　　原始 PPT 视频、背景图像、音频旁白三个素材的合成已经制作完成。下面继续将语音合成步骤的手绘视频合成进来。

预览效果,在需要放置手绘视频的初步位置停止预览,拖动"7-2 步骤手绘点 mp4"到最上面的视频轨道,时间线内容如图 8-2-20 所示。

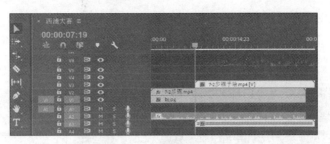

图 8-2-20 时间线内容 11

该视频也有相应的音频数据,但并不需要这些数据。单击选中第二个音轨的"S",开启只使用本音轨数据,屏蔽其他音轨的音频数据,时间线内容如图 8-2-21 所示。

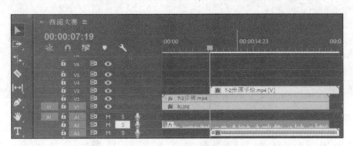

图 8-2-21 时间线内容 12

移动当前帧,查看合成效果。

手绘视频的背景为黑色,可参考上面的方法利用抠像滤除背景,初步的合成效果如图 8-2-22 所示。

图 8-2-22 初步的合成效果

图 8-2-22 中,手绘视频位置不合适,应设置手绘视频素材在屏幕上的位置,将手绘视频移动到屏幕下方的空白区域。

时间线上单击手绘视频所在的轨道 V3,选中手绘视频素材。打开"效果控件"窗口,展开其运动属性,设置其位置信息水平位置为"640",垂直位置为"710",参考效果如图 8-2-23 所示。

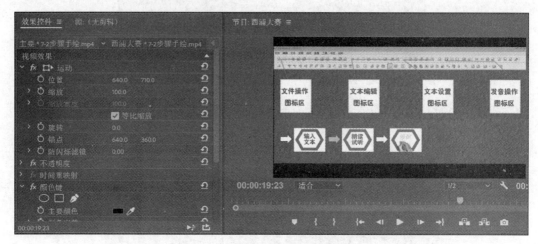

图 8-2-23　设置素材手绘视频的位置

从预览窗口效果上看,手绘视频已经移动到屏幕下方的空白区域。此外,手绘视频的开始位置在放置时已经对齐,接着继续对齐结束位置。

移动当前帧到结束处。选择比率拉伸工具,拉伸 V3 视频轨道数据,将 V3 轨道的结束帧与 V2 轨道的结束帧对齐,时间线内容如图 8-2-24 所示。

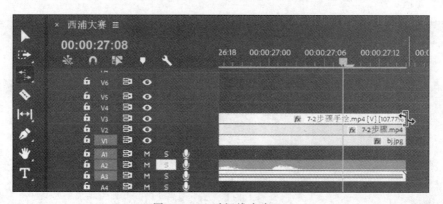

图 8-2-24　时间线内容 13

注意,正常情况下不可直接显著拉伸视频轨道数据,如果视频轨道链接的音频数据被显著拉伸,音频数据将失真。如图 8-2-24 所示界面中,V3 视频轨道的音频数据被静音,可直接拉伸 V3 视频轨道。

另外，如图 8-2-17 所示界面中，直接拉伸了 A2 轨道音频数据，将其与 A1 轨道音频数据对齐。因为 A2 轨道与 A1 轨道内容相同，只是不同工具下制作出的音频数据存在细微差异而已，因此二者可通过拉伸直接对齐。

至此，利用抠像技术合成的慕课视频已合成完成，预览效果比较好。

制作完成后，导出制作的成果。执行"文件|导出|媒体"菜单命令，出现如图 8-2-25 所示界面。

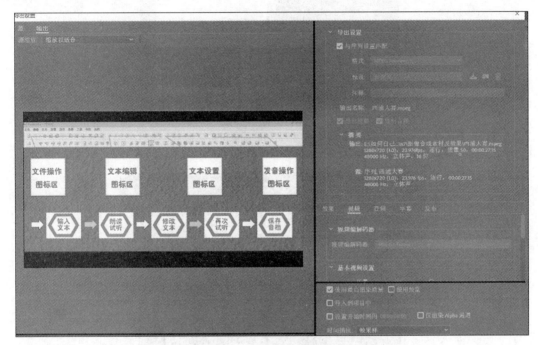

图 8-2-25 "导出设置"界面

图 8-2-25 中，勾选了"与序列设置匹配"复选框及"使用最高渲染质量"复选框，可单击"输出名称："按钮，修改导出的文件名，之后单击"导出"按钮，导出视频。

基于上述制作过程，可总结抠像的实现步骤如下：

（1）放置背景素材。

（2）在背景素材的上方轨道放置抠像素材。

（3）应用"颜色键"视频效果到抠像素材数据块。

（4）设置"颜色容差""羽化边缘"等抠像参数。

（5）预览效果。

思考与练习

8.2.1 如何利用抠像效果实现如图 8-2-26 所示三幅图片抠像后的合成效果？

8.2.2 如何利用抠像效果实现如图 8-2-27 所示的三幅图片抠像后的合成效果？

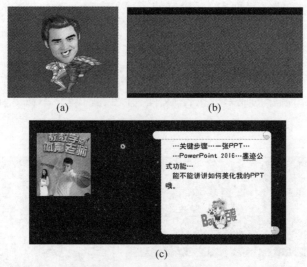

图 8-2-26　思考与练习 8.2.1 的图

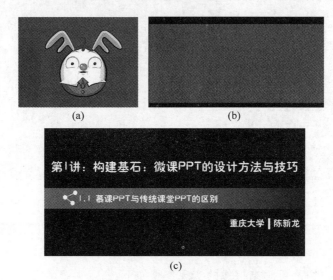

图 8-2-27　思考与练习 8.2.2 的图

视频

8.3　引言中"老师上课不讲课"视频的合成制作

　　理解了如何利用 Premiere 实现抠像之后，下面来具体实现一个微课视频片段，用 Premiere CC 合成制作引言中"老师上课不讲课"的视频。

　　素材包中的"老师上课不讲课片段"目录下有七个素材文件，如图 8-3-1 所示。

　　其中，"5-3 最终效果（含录制）.mp4"为"5-3 最终效果（含录制）.pptx"导出的初始视频。该 PPT 文件包括四页 PPT，如图 8-3-2 所示。

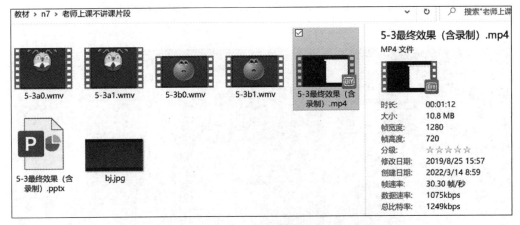

图 8-3-1 "老师上课不讲课片段"目录

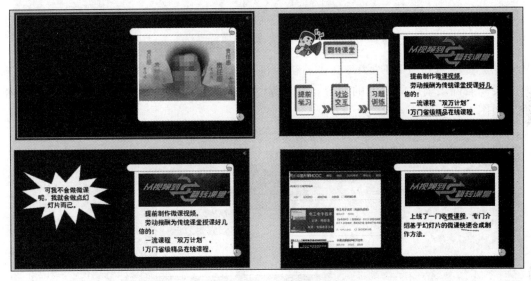

图 8-3-2 四页 PPT

5-3a0. wmv 为第一页 PPT 的视频旁白，5-3b0. wmv 为第二页 PPT 的视频旁白，5-3a1. wmv 为第三页 PPT 的视频旁白，5-3b1. wmv 为第四页 PPT 的视频旁白；

初始视频和四个视频旁白等五个素材均为纯色背景。bj. jpg 为用于合成的背景图片。

下面进入 Premiere，具体演示将这六个素材合成为引言中"老师上课不讲课"交互视频片段效果的方法。

下面通过打开制作好的项目范例建立视频编辑的项目。如图 8-3-1 中，利用 OFFICE MIX 制作并导出的初始视频"5-3 最终效果（含录制）.mp4"的分辨率为 1280×720，该视频是核心视频，因此建立的编辑视频的项目应采用 1280×720 的分辨率。

执行"文件|打开项目"菜单命令，在"打开项目"对话框中选择"项目范例 1280 乘

720"项目文件,导入用于合成的六个素材到项目面板中,时间线及项目面板内容如图 8-3-3 所示。

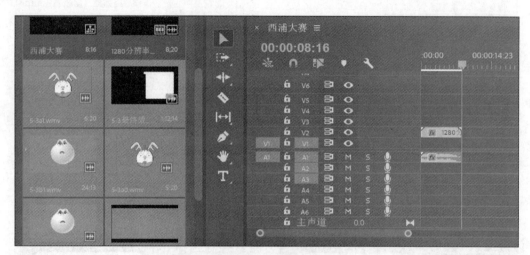

图 8-3-3　时间线及项目面板内容 1

先放置利用 OFFICE MIX 制作的初始视频。拖动"5-3 最终效果(含录制).mp4"到时间线。删除之前时间线上的内容。移动素材到开始位置。拖动音频轨道到"上 1 个轨道",如图 8-3-4 所示。

图 8-3-4　放置"5-3 最终效果(含录制).mp4"

放置背景图像 bj.jpg 到"5-3 最终效果（含录制）.mp4"下面的视频轨道。拖动"背景图像"素材，使上、下两个轨道持续时间相同，时间线内容如图 8-3-5 所示。

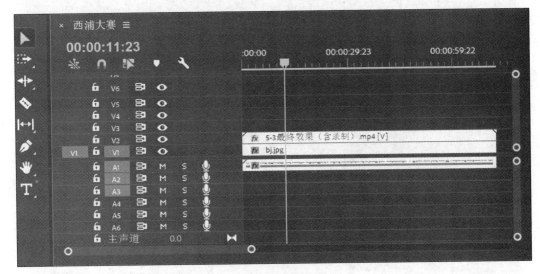

图 8-3-5　时间线内容 1

单击选择上面的素材轨道 V3。拖动"颜色键"视频效果到该轨道。选中"效果控件"的"颜色键"中的主要颜色的取色笔，在预览窗口黑色背景处单击，适当设置"颜色容差""羽化边缘"等参数，如图 8-3-6 所示。

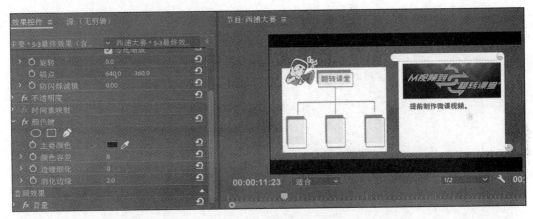

图 8-3-6　抠像效果的实现

继续放置四页 PPT 对应的视频旁白。下面先放置第一页 PPT 的视频旁白。

拖动 5-3a0.wmv 到时间线"5-3 最终效果（含录制）.mp4"上面的视频轨道。拖动"颜色键"视频效果到该轨道。选中"效果控件"的"颜色键"中的主要颜色的取色笔，在预览窗口蓝色背景处单击，适当设置"颜色容差""羽化边缘"等参数，如图 8-3-7 所示。

进一步调整视频旁白的位置，如图 8-3-8 所示。

拖动"交叉划像"视频过渡效果到第一个视频旁白的开始处，如图 8-3-9 所示。

图 8-3-7　放置第一个视频旁白 1

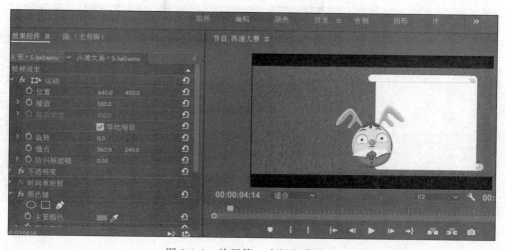

图 8-3-8　放置第一个视频旁白 2

　　预览效果可发现,视频旁白与 PPT 并未完全同步,利用音频波形进行对齐,时间线内容如图 8-3-10 所示。

　　对齐之后,主视频存在缺帧。可利用██工具将主视频分割为两个剪辑,利用比率拉伸工具██拉伸主视频的第一个剪辑,时间线内容如图 8-3-11 所示。

图 8-3-9　放置第一个视频旁白 3

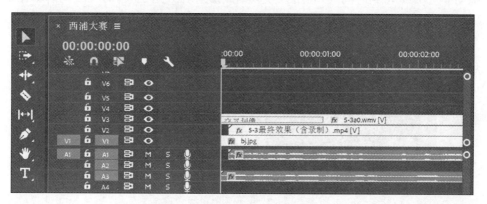

图 8-3-10　放置第一个视频旁白 4

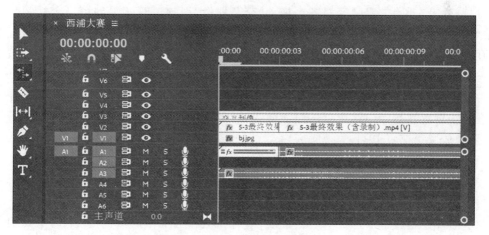

图 8-3-11　放置第一个视频旁白 5

利用 工具分割和删除视频旁白结束处多余的帧,进一步设置视频旁白结束处的过渡效果,时间线内容如图 8-3-12 所示。

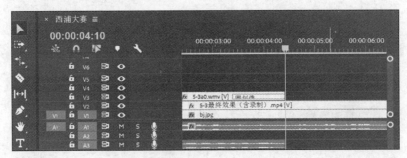

图 8-3-12　放置第一个视频旁白 6

预览效果,适当调整视频旁白的位置。

继续放置第二页 PPT 的视频旁白。

移动当前帧到第二个视频旁白的开始处。

拖动 5-3b0.wmv 到时间线,利用音频数据波形对齐开始位置,时间线内容如图 8-3-13 所示。

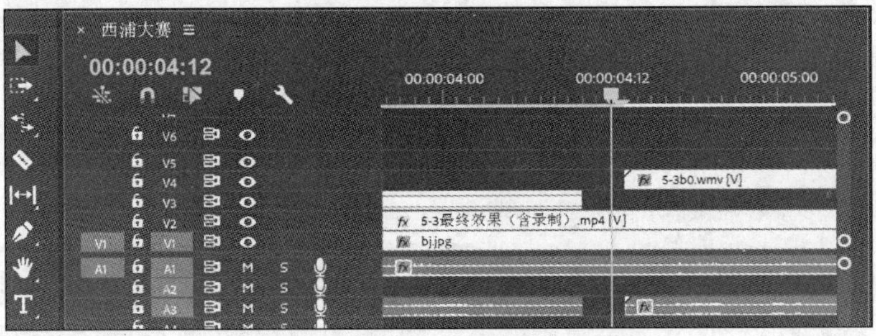

图 8-3-13　放置第二个视频旁白 1

预览效果,开始位置已经对齐。拖动"交叉划像"视频过渡效果到第二个视频旁白的开始处。拖动"颜色键"视频效果到该数据块。选中"效果控件"的"颜色键"中的主要颜色的取色笔,在预览窗口蓝色背景处单击,适当设置"颜色容差""羽化边缘"等参数,适当调整视频旁白的大小及位置,时间线内容如图 8-3-14 所示。

视频旁白遮住了 PPT 中的文字。删除后半部分旁白中的图像数据,保留其音频数据,进一步设置视频旁白结束处的过渡效果,时间线内容如图 8-3-15 所示。

继续放置第三页 PPT 的视频旁白。

移动当前帧到第三个视频旁白的开始处。

拖动 5-3a1.wmv 到时间线,利用音频数据波形对齐开始位置。

预览效果,开始位置已经对齐。

拖动"颜色键"视频效果到该数据块。选中"效果控件"的"颜色键"中的主要颜色的取色笔,在预览窗口蓝色背景处单击,适当设置"颜色容差""羽化边缘"等参数。

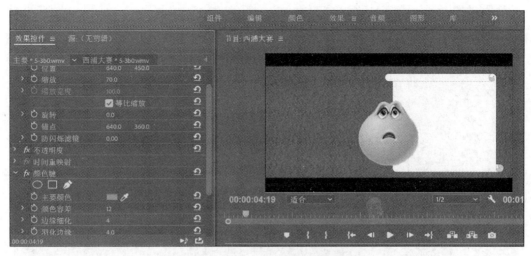

图 8-3-14　放置第二个视频旁白 2

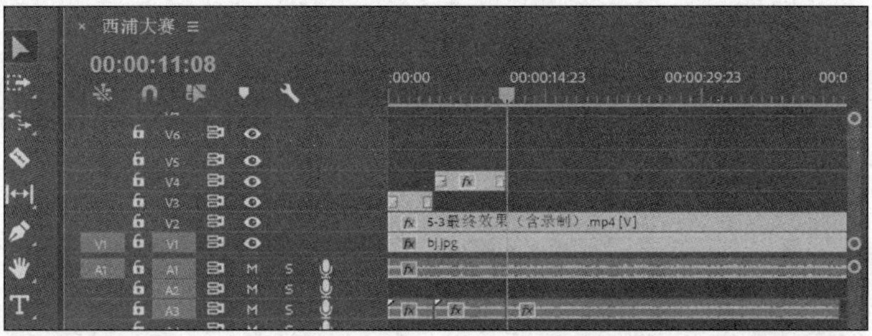

图 8-3-15　放置第二个视频旁白 3

　　拖动"交叉划像"视频过渡效果到第三个视频旁白的开始处，进一步设置视频旁白结束处的过渡效果，如图 8-3-16 所示。

　　预览效果，适当调整相关参数。

　　继续放置第四页 PPT 的视频旁白。

　　拖动 5-3b1.wmv 到时间线，利用音频数据波形对齐开始位置。

　　预览效果，开始位置数据已经对齐。

　　拖动"盒型划像"视频过渡效果到第四个视频旁白的开始处。

　　拖动"颜色键"视频效果到该数据块。选中"效果控件"的"颜色键"的主要颜色的取色笔，预览窗口蓝色背景处单击，适当设置"颜色容差""羽化边缘"等参数。

　　适当调整第四个视频旁白的大小及位置。

　　视频旁白遮住了 PPT 中的文字。删除后半部分旁白中的图像数据，保留其音频数据。

　　进一步设置视频旁白结束处的过渡效果。

　　删除结束处的多余数据，对齐背景图片数据块，如图 8-3-17 所示。

图 8-3-16 放置第三个视频旁白

图 8-3-17 放置第四个视频旁白

PPT的音频效果不理想。4个视频旁白中的音频数据来自文本转语音软件Balabolka输出的音频。单击选中A3音轨的"S"，开启只使用本音轨数据，屏蔽其他音轨的音频数据，时间线内容如图8-3-18所示。

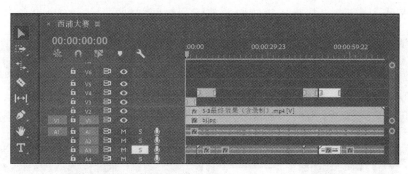

图8-3-18　时间线内容2

预览效果，效果比较好。

选择菜单"文件|导出|媒体"，在对话框中勾选"与序列设置匹配"复选框。

输入导出文件名，勾选"使用最高渲染质量"复选框，单击"导出"按钮，导出视频。

思考与练习

8.3.1　分析如图8-3-10所示的时间线，如果不进行处理，将会有什么后果？

8.3.2　分析如图8-3-18所示的时间线，如果不单击选中A3音轨的"S"，将会有什么后果？

8.4　引言的合成制作

理解了基于PPT合成制作微课的方法之后，下面来具体实现一个微课视频，用Premiere CC合成制作引言。

素材包中的"引言"目录下有11个素材文件，如图8-4-1所示。

图8-4-1　"引言"目录

视频

其中,"引言 PPT 导出.mp4"为"引言.pptx"导出的初始视频。

该 PPT 文件包括六页 PPT,具体如图 8-4-2 所示。其中,第二页至第五页 PPT 分别配有一个视频旁白,8.3 节中已经将其合成为一个视频,具体效果如"上课不讲课片段.mp4"所示,合成制作引言时,直接导入该视频并放置到时间线即可。

图 8-4-2　六页 PPT

"ppt 配音.mp3"为第一页 PPT 的音频旁白。"粉笔声音.WAV"为第一页 PPT 中,音频旁白"沙沙沙、沙沙沙"的特别配音。

第一页 PPT 中,放置了老师上课写粉笔字的图片,为增强效果,改用"手绘 1.mp4"替换该图片。"片尾头音频.mp3"为第六页 PPT 的音频旁白。

按照脚本的要求,在第六页 PPT 播放前,插入"合成课程范例片段.mp4"。

完整的微课视频应包括片头及片尾。在第一页 PPT 播放前,放置"拉幕片头"。第六页 PPT 播放完毕后,播放片尾视频。

"拉幕片头"、第一页和第六页 PPT 均为纯色背景,可添加"背景"以增强视频效果。

下面进入 Premiere,具体演示将这 10 个素材合成为如引言所示效果的方法。

下面通过打开制作好的项目范例建立视频编辑的项目。图 8-4-1 中,利用 OFFICE MIX 制作并导出的初始视频"引言 PPT 导出.mp4"分辨率为 1280×720,该视频是核心视频,因此建立的编辑视频的项目应采用 1280×720 的分辨率。

选择"打开项目"菜单项,选择"项目范例 1280×720"项目文件,导入用于合成的 10 个素材到项目面板中。

先放置片头视频。拖动"拉幕片头.mp4"到时间线,删除之前时间线上的内容。移动素材到开始位置,如图 8-4-3 所示。

图 8-4-3 中,第一帧预览效果为白色背景,与红色拉幕效果不吻合。滑动滑轨放大时间线窗口,移动当前帧到 0 秒 2 处,如图 8-4-4 所示。

图 8-4-4 中的当前帧的预览效果为红色幕布。利用 ▓ 工具将该剪辑分割为两个剪辑,按 Delete 键删除非红色幕布数据的剪辑。适当调整大小及位置,效果控件中的参数设置及最终效果如图 8-4-5 所示。

图 8-4-3　放置"拉幕片头.mp4"1

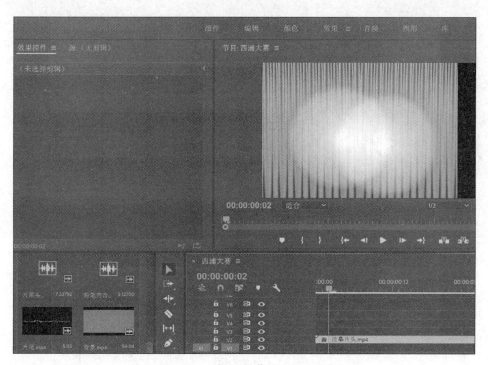

图 8-4-4　放置"拉幕片头.mp4"2

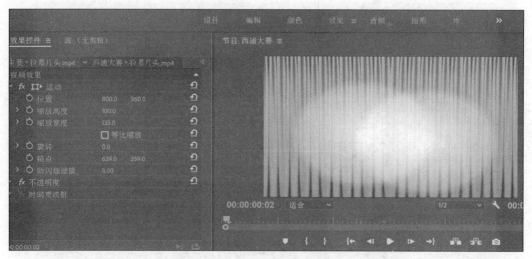

图 8-4-5　放置"拉幕片头.mp4"3

　　放置"背景.mp4"到"拉幕片头.mp4"下面的视频轨道,删除其音频数据,单击"拉幕片头.mp4"的素材轨道 V3,拖动"颜色键"视频效果到该轨道,选中"效果控件"的"颜色键"中的主要颜色的取色笔,在预览窗口黑色背景处单击。适当设置"颜色容差""羽化边缘"等参数,如图 8-4-6 所示。

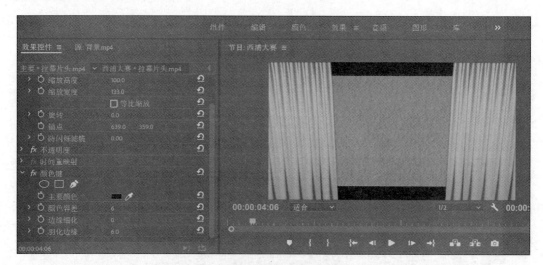

图 8-4-6　放置"背景.mp4"

　　继续放置利用 OFFICE MIX 制作的初始视频。

　　拖动"引言 PPT 导出.mp4"到时间线。拖动音频轨道到"上 1 个轨道"。拖动"颜色键"视频效果到该轨道。选中"效果控件"的"颜色键"的主要颜色的取色笔,在预览窗口黑色背景处单击。适当设置"颜色容差""羽化边缘"等参数,如图 8-4-7 所示。

　　拖动"交叉划像"视频过渡效果到该数据块的开始处。

图 8-4-7　放置"引言 PPT 导出.mp4"1

　　继续放置 PPT 的音频旁白。拖动"ppt 配音.mp3"到 PPT 音频轨道的"下 1 个音轨"，利用音频数据波形对齐开始位置，如图 8-4-8 所示。

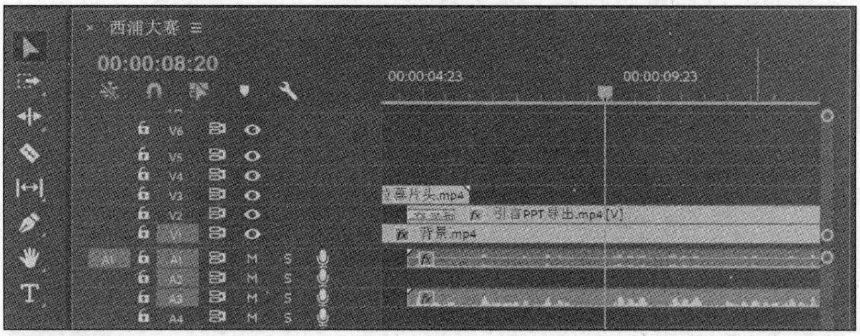

图 8-4-8　放置"引言 PPT 导出.mp4"2

　　预览效果，开始处已经对齐。

　　替换音频旁白"沙沙沙、沙沙沙"的音频数据。

　　单击播放按钮，将当前帧移动到"沙沙沙、沙沙沙"音频数据的开始处。拖动"粉笔声音.wav"到时间线。利用🔪工具将"ppt 配音.mp3"的剪辑分割，按 Delete 键删除"沙沙沙、沙沙沙"的音频旁白。

　　第一个音轨为 PPT 录制时的音频旁白，效果不好，主要用于对齐。后面已经没有需要特别对齐的音频数据,可单击第一个音轨的 M,静音该音轨,时间线内容如图 8-4-9 所示。

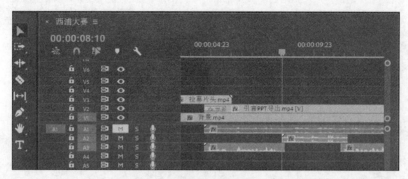

图 8-4-9　放置"粉笔声音.wav"

替换第一页 PPT 中老师上课写粉笔字的图片。移动当前帧到该图片效果出现的开始位置。拖动"手绘 1.mp4"到时间线,利用 工具将"手绘 1.mp4"的剪辑分割,按 Delete 键删除与手绘信息不符合的帧,适当设置其大小及位置,如图 8-4-10 所示。

图 8-4-10　放置"手绘 1.mp4"1

图 8-4-10 中的灰板具有一个蓝色的边框,应利用"颜色键"抠像。为方便抠像时选取灰板的蓝色边框,可将预览窗口大小设置为 400%,利用预览窗口滚动条将灰板移动到预

览窗口的合适位置。

拖动"颜色键"视频效果到该轨道。选中"效果控件"的"颜色键"的主要颜色的取色笔，在预览窗口蓝色背景处单击。适当设置"颜色容差""羽化边缘"等参数，如图8-4-11所示。

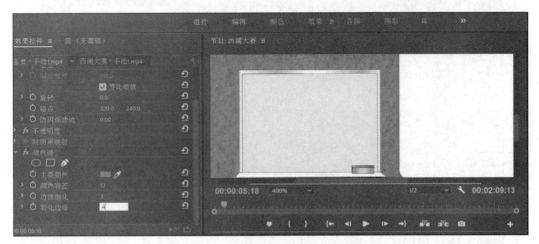

图8-4-11　放置"手绘1.mp4"2

将预览窗口大小重新设置为"合适"，预览效果，发现手绘视频在手写完成后很快就消失了，教师上课写粉笔字的图片将继续出现。

可将"手绘1.mp4"中手绘完成后的保持效果的数据块单独分为一个剪辑块，慢放该剪辑块，使其全部覆盖教师上课写粉笔字的图片，时间线内容如图8-4-12所示。

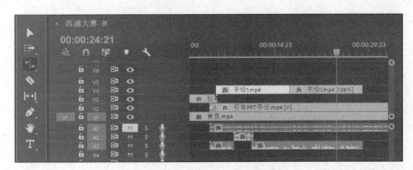

图8-4-12　放置"手绘1.mp4"3

图8-4-12中显示，第二个剪辑块的比率为1.06％。预览效果，发现已经完全覆盖老师上课写粉笔字的图片。

第二至第五页PPT在8.3节中已经合成为一个视频。拖动"上课不讲课片段.mp4"到时间线，如图8-4-13所示。

预览效果，效果还可以。

移动当前帧到该视频段结束处。

在第六页PPT播放前，应插入"合成课程范例片段.mp4"。拖动"合成课程范例片段.mp4"到时间线，如图8-4-14所示。

图 8-4-13 放置"上课不讲课片段.mp4"

图 8-4-14 放置"合成课程范例片段.mp4"1

预览效果。

将第六页PPT的初始视频和前五页PPT分开，拖动第六页PPT到"合成课程范例片段.mp4"之后，时间线内容如图8-4-15所示。

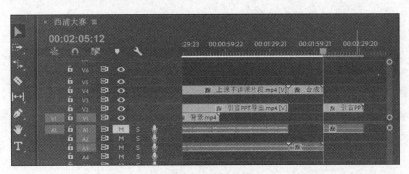

图8-4-15　放置"合成课程范例片段.mp4"2

删除第六页PPT的冗余数据，慢放"背景.mp4"，使其在时间线上和第六页PPT对齐，时间线内容如图8-4-16所示。

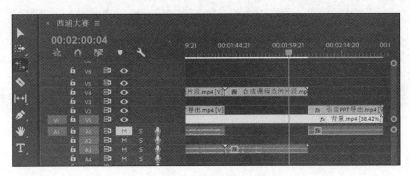

图8-4-16　放置"合成课程范例片段.mp4"3

为第六页PPT添加音频旁白。拖动"片尾头音频.mp3"到时间线，时间线内容如图8-4-17所示。

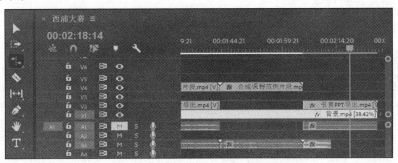

图8-4-17　放置"片尾头音频.mp3"

预览效果。适当删除第六页PPT结束处的冗余数据。拖动"双侧平推门"视频过渡效果到第六页PPT的结束处，删除"背景"轨道的冗余数据。

拖动"片尾.mp4"到第六页 PPT 的结束处,如图 8-4-18 所示。

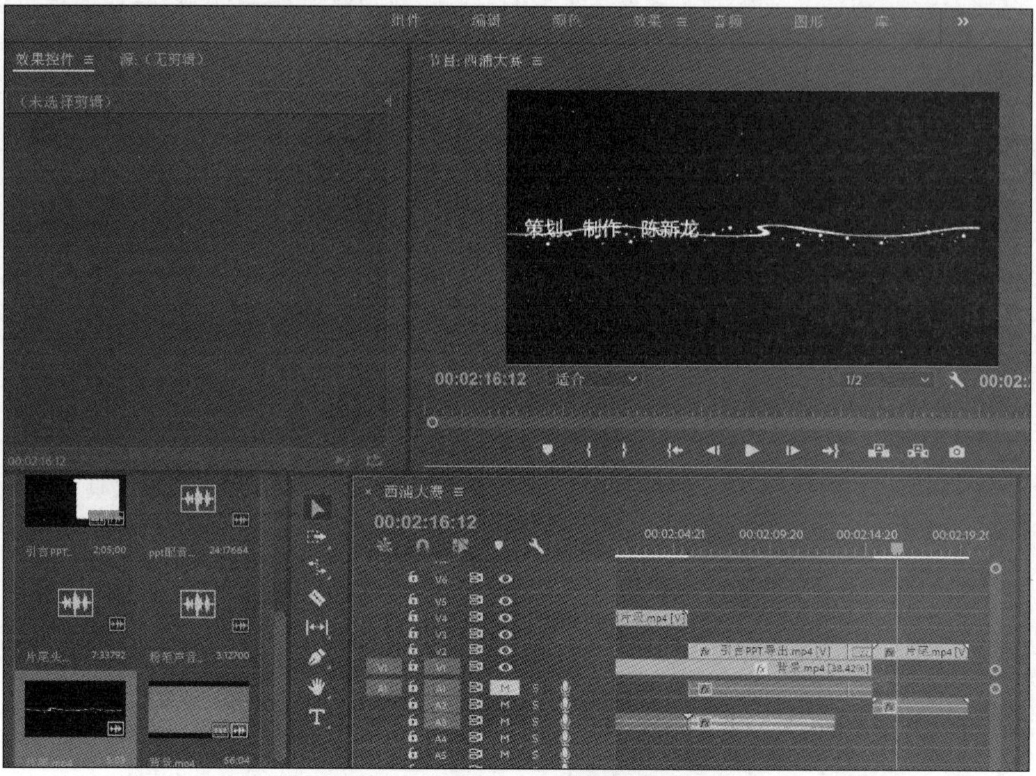

图 8-4-18 放置"片尾.mp4"

保存并导出制作成果,引言制作完成。

思考与练习

8.4.1 在如图 8-4-12 所示界面中,素材"手绘 1.mp4"的第二个剪辑块实际播放时间是其正常播放时间的多少倍?

习题

1. 利用 Aleo Flash Intro Banner Maker 制作一个片头,利用 Balabolka 结合 OFFICE MIX 录制下面的教学案例片段,利用 Premiere CC 合成制作最终的教学视频。

该教学案例片段的原始脚本如下:

如图所示运放电路的两个输入端(图 8-1 中的十、一)之间的电压几乎等于零,如同将该两点短路一样。但是该两点实际上并未真正被短路,只是表面上似乎短路,也就是虚假的短路,故将这种现象称为"虚短"。

涉及的原始图片素材如图 8-1 所示。

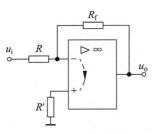

图 8-1　习题 1 的图

2. 利用 Aleo Flash Intro Banner Maker 制作一个片头、利用 Balabolka 结合 OFFICE MIX 录制下面的教学案例片段,利用 CrazyTalk 结合 Balabolka 制作视频旁白,利用 Premiere CC 合成制作最终的教学视频。

该教学案例片段的原始脚本如下:

根据刚才的讲解,左图所示手电筒不是电路。

什么? 这个手电筒不是电路? 灯还亮着呢! 我去按一下按钮,看灯会不会灭。不好,灯灭了。

这个同学太调皮了,请开关旁边的同学把灯开一下。谢谢!

涉及的原始图片素材如图 8-2 所示。

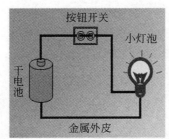

图 8-2　习题 2 的图

3. 参考 8.3 节,结合配套素材,合成制作"老师上课不讲课"的教学片段。

4. 参考 8.4 节,结合配套素材,合成制作"引言"的教学视频。

第9章

制作与应用

PPT

本章结合前面的工具,介绍微信表情包、微课作品、慕课的上线等方面的制作与应用。

9.1 微信表情包的制作

微信(WeChat)是腾讯公司于 2011 年 1 月推出的一款为手机等智能终端提供即时通信服务的免费应用程序。伴随着微信的普及,微信表情包应用日益广泛。

微信表情包本质上是存储空间较小的动图,文件格式为 GIF 动画格式。GIF 动画是指通过使用专门的动画制作工具或者采用逐帧拍摄对象的方法,让多个 GIF 图片按一定规律快速、连续播放运动的画面。

9.1.1 利用 ESP 制作微信表情包

利用 ESP 可制作手绘视频,基于格式转换工具可将制作的手绘视频转换为 GIF 动画。正常设置环境下,当转换后的 GIF 动画在 1MB 以下时,通过微信直接作为聊天图片发送,该图片将直接显示,扮演着微信表情包的角色。

基于 ESP 制作微信表情包的参考效果如图 9-1-1 所示。

(a) 手绘效果　　　　　　　(b) 剩余效果

图 9-1-1　表情包的效果图

可以看出,该表情包是针对 2022 年虎年春节制作的拜年表情包,包括三个基础元素,具体如下:

拜年文字:陈新龙给您拜年了!

拜年祝福语:祝您虎年大吉、虎虎生威!

祝福语图片,具体如图 9-1-2 所示。

下面进入 ESP 具体演示如何制作上面的表情包。

进入 ESP,单击 Settings 菜单,进入当前工程设置任务面板。设置画布大小为 640×480,背景颜色为白色。

图 9-1-2　祝福语图片

单击 Save 按钮,保存设置。

单击 Text 菜单,进入文字编辑面板,输入拜年文字:"陈新龙给您拜年了!",设置文字的字体、大小及颜色等,如图 9-1-3 所示。

单击 OK 按钮,将刚才输入的文字插入当前幻灯片中,适当调整文字的位置,参考界面如图 9-1-4 所示。

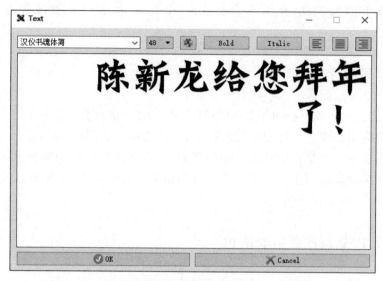

图 9-1-3　输入拜年文字

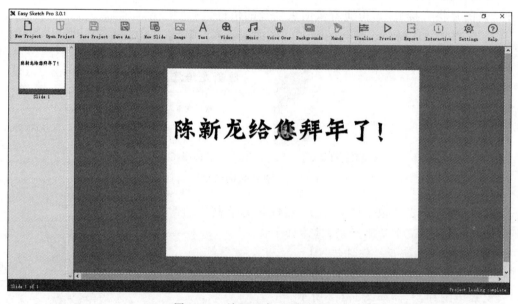

图 9-1-4　放置元素 1：拜年文字

　　由图 9-1-1 所示效果可看出，祝福文字在祝福图片的上方，祝福文字覆盖了祝福图片。在放置祝福文字前，应先放置祝福图片，以确保祝福文字覆盖了祝福图片的效果。

　　单击 Image 菜单，进入当前幻灯片插入图像任务面板，选择 Load Image From PC，在随后出现的界面中，单击 Browser 按钮，从计算机中选择"虎虎生威"图片，如图 9-1-5 所示。

　　单击"打开"按钮，在随后出现的界面中，单击 Add 按钮，将"虎虎生威"图片插入当前幻灯片中。适当调整"虎虎生威"图片的位置及角度，如图 9-1-6 所示。

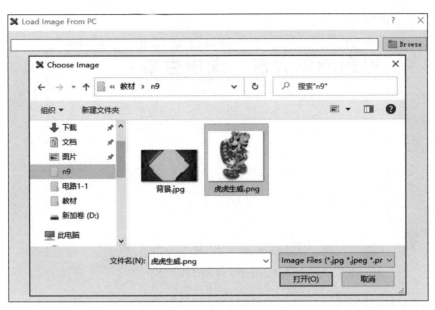

图 9-1-5　选择祝福语图片

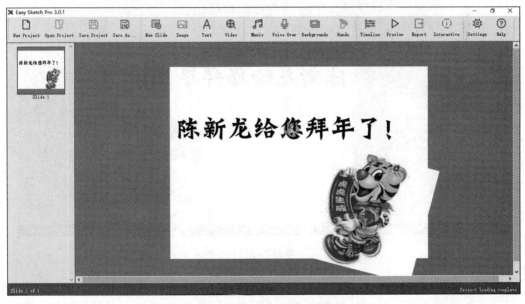

图 9-1-6　放置元素 2："虎虎生威"图片

　　单击 Text 菜单,进入文字编辑面板,输入祝福文字"祝您虎年大吉、虎虎生威!",设置文字的字体、大小及颜色等,如图 9-1-7 所示。

　　单击 OK 按钮,将刚才输入的文字插入当前幻灯片中。双击文字 2,适当移动鼠标,调整文字 2 的位置,如图 9-1-8 所示。

　　双击拜年文字,拜年文字的背景为浅蓝色,该文字被选中。右击,在弹出菜单中选择

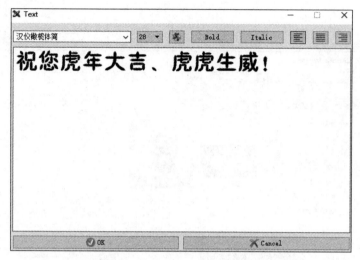

图 9-1-7　输入祝福文字

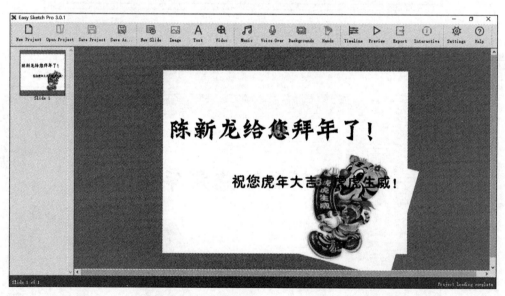

图 9-1-8　放置元素 3：祝福文字

Properties 选项，进入拜年文字的手绘效果设置界面。设置手绘模式 Draw Style 为 Draw by hand，手绘动画 Timing Draw 的持续时间为 1.7 秒，保持手绘动画前 Timing Before 的延迟时间、涂抹上色 Timing Fading 的持续时间及手绘动画完成后 Timing After 的延迟时间不变，如图 9-1-9 所示。

　　单击 Save 按钮，保存设置。在其他位置双击，取消刚才的选择。

　　双击拜年图片，拜年图片的背景为浅蓝色，该图片被选中。右击，在弹出菜单中，选择 Properties 选项，进入拜年图片的手绘效果设置界面。设置 Timing Draw、Timing Before、Timing Fading、Timing After 的时间均为 0 秒，如图 9-1-10 所示。

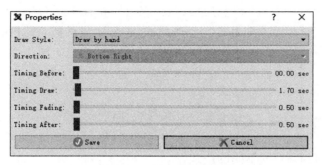

图 9-1-9　设置拜年文字

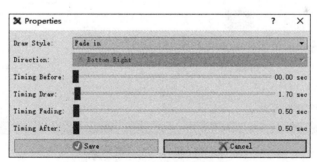

图 9-1-10　设置祝福图片

　　单击 Save 按钮,保存设置。在其他位置双击,取消刚才的选择。
　　双击祝福文字,祝福文字的背景为浅蓝色,该文字被选中。右击,在随后出现的弹出
菜单中选择 Properties 选项,进入拜年文字的手绘效果设置界面。设置手绘模式 Draw
Style 为 Fade in,手绘动画 Timing Draw 的持续时间为 1.7 秒,保持手绘动画前 Timing
Before 的延迟时间、涂抹上色 Timing Fading 的持续时间及手绘动画完成后 Timing
After 的延迟时间不变,如图 9-1-11 所示。

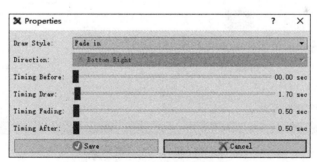

图 9-1-11　设置祝福文字

　　单击 Preview 按钮,预览效果,满意后,单击 Export 按钮,输出当前制作的手绘视频。
　　导出的手绘视频信息如图 9-1-12 所示。该视频的格式为 MP4 格式,存储空间大小
为 108KB。尽管存储空间大小符合要求,但格式不符合要求,应使用格式转换工具将其
转换为 GIF 动画格式。

虎虎生威.mp4
MP4 文件

时.. 00:00:05
大.. 108 KB
帧.. 640
帧.. 480
分.. ☆☆☆☆☆
修.. 2022/3/25 10:51
创.. 2022/3/25 10:52
帧.. 25.00 帧/秒
数.. 174kbps
总.. 174kbps

图 9-1-12　视频信息

可利用格式转换软件"格式工厂"将 MP4 格式的手绘视频转换为 GIF 动画格式,进而完成微信表情包的制作。

格式工厂(Format Factory)是上海格式工厂网络有限公司研发的一款面向全球用户的格式转换软件。格式工厂工作界面如图 9-1-13 所示。

最上方为菜单及快捷图标区。

左边为格式面板选择区,包括视频、音频、文档等各种媒体的不同的格式。

当前展开的"格式"面板为"视频"面板。格式面板选择区右边的大面积区域为任务列表区。

在"视频"面板中,单击具体的视频格式,如 MP4,将进入 MP4 格式转换面板,选择需要转换格式的视频文件并确认,该文件将进入任务列表区。

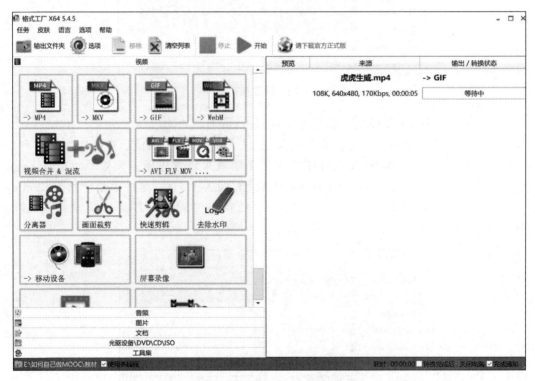

图 9-1-13　格式工厂工作界面 1

如图 9-1-13 所示任务列表区中,有一项转换任务等待执行。具体为将视频"虎虎生威.mp4"格式转换为 GIF 动画格式。

单击选中该任务项,界面如图 9-1-14 所示。

之后,可单击"移除"按钮,将该任务移除列表;也可单击"开始"按钮,执行任务列表区的转换任务。

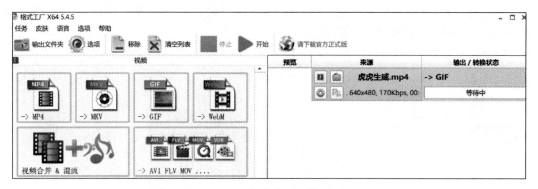

图 9-1-14　格式工厂工作界面 2

　　下面进入格式工厂,具体演示利用格式工厂将"虎虎生威.mp4"格式转换为 GIF 动画格式的方法。

　　进入格式工厂,"视频"面板中,单击 GIF,进入 GIF 格式转换任务面板;单击"添加文件"按钮,打开"虎虎生威.mp4"文件;单击"输出配置"按钮,选择预设配置为"640i",即屏幕大小为 640×自动,如图 9-1-15 所示。

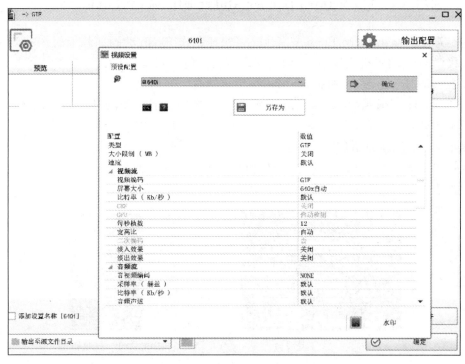

图 9-1-15　格式工厂工作界面 3

　　单击"确定"按钮,保存输出配置。可选择输出文件夹,也可单击改变,改变输出文件夹。单击"确认"按钮,该文件已进入任务列表区,如图 9-1-13 所示。

　　单击"开始"按钮,执行转换任务。

转换完成后,该动画原始信息如图 9-1-16 所示。将该表情包发送到微信文件传输助手,微信中的浏览效果如图 9-1-17 所示。

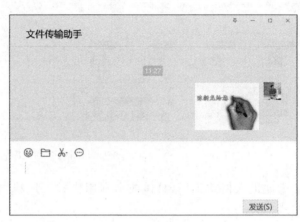

图 9-1-16　原始信息　　　　　　　　图 9-1-17　微信中的浏览效果

9.1.2　利用 Aleo Flash Intro Banner Maker 制作微信表情包

利用 Aleo Flash Intro Banner Maker 可快速制作 Flash 动画。基于制作的 Flash 动画可直接以 GIF 动画格式发布,从而实现微信表情包的制作。

基于 Aleo Flash Intro Banner Maker 制作的微信表情包如图 9-1-18 所示。

由图 9-1-18 可看出,该表情包是针对 2022 年虎年春节制作的拜年表情包,包括三个基础元素,具体如下:

拜年文字:陈新龙给您拜年了!

拜年祝福语:祝您虎年大吉、虎虎生威!

祝福语图片,如图 9-1-19 所示。

图 9-1-18　表情包　　　　　　　图 9-1-19　祝福语图片

下面进入 Aleo Flash Intro Banner Maker,具体演示该拜年表情包的实现方法。

启动 Aleo Flash Intro Banner Maker,单击"尺寸声音"菜单,设置 Flash 动画的分辨率为 360×270,设置帧速率为 20,取消选中的"在 Flash 中播放背景音乐"复选框,如图 9-1-20 所示。

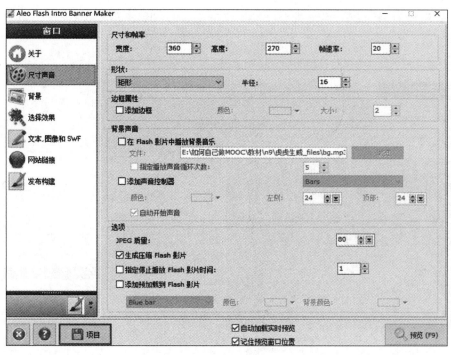

图 9-1-20　拜年表情包制作 1

单击"背景"菜单,设置背景颜色填充方案为纯色,设置具体的颜色为祝福语图片的背景色,设置如图 9-1-21 所示。

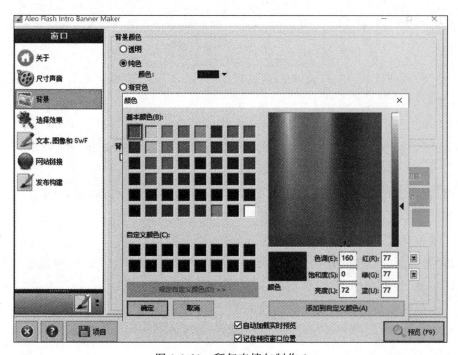

图 9-1-21　拜年表情包制作 2

单击"选择效果"菜单,设置背景 Flash 效果为 3 Festival|Fireworks,界面如图 9-1-22 所示。

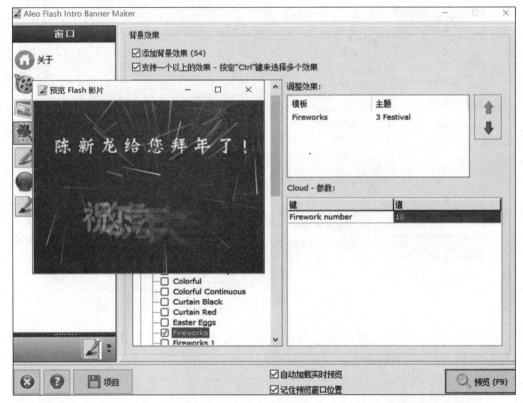

图 9-1-22　拜年表情包制作 3

单击"文本、图像和 SWF"菜单。系统启动时,默认添加了两个文字效果。单击 图标,删除这两个文字效果。

单击"添加文本"按钮,输入拜年文字"陈新龙给您拜年了!",单击字体样式编辑快捷图标，,设置字体为"汉仪书魂体简",大小为 36,颜色为白色,如图 9-1-23 所示。

单击"确定"按钮,完成字体样式的编辑。

单击"添加图像"按钮,在之后出现的界面中,单击"选择文件"按钮,选择如图 9-1-19 祝福语图片,单击"确定"按钮,将祝福语图片添加到当前项目中。

进一步设置大小和位置等图像属性,如图 9-1-24 所示。

单击"添加文本"按钮,输入祝福文字"祝您虎年大吉、虎虎生威!",单击字体样式编辑快捷图标，,设置字体为"汉仪橄榄体简",大小为 24,颜色为白色,如图 9-1-25 所示。

进一步设置添加的文本及图像的效果。

选中拜年文字"陈新龙给您拜年了!",单击"选择效果"选项,设置效果为 Classic char based|zoom out,如图 9-1-26 所示。

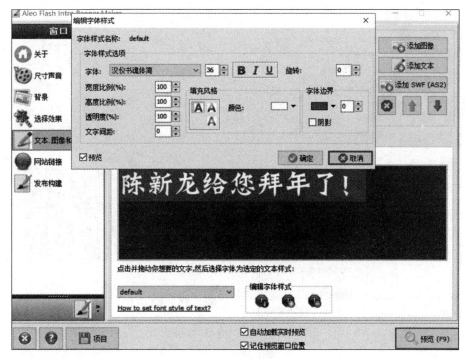

图 9-1-23　拜年表情包制作 4

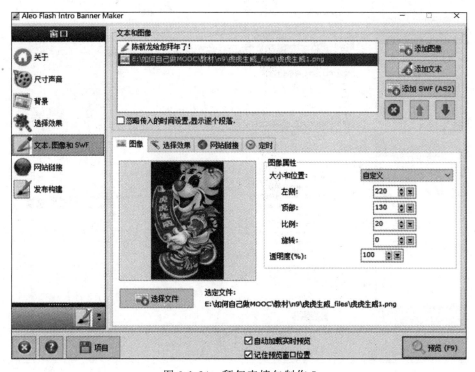

图 9-1-24　拜年表情包制作 5

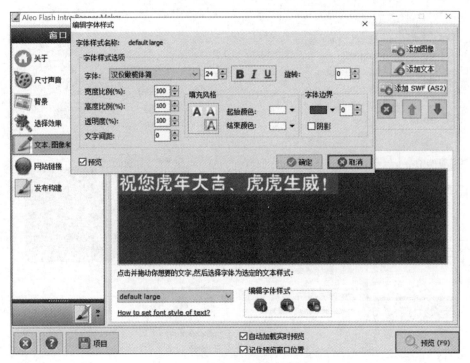

图 9-1-25　拜年表情包制作 6

图 9-1-26　拜年表情包制作 7

进一步设置拜年文字在舞台中的位置。单击"位置"选项,设置相对位置的偏移参数,如图 9-1-27 所示。

图 9-1-27　拜年表情包制作 8

进一步设置拜年文字的定时参数。单击"定时"选项,为减小 Flash 影片的存储空间,设置"在 Flash 影片中显示文字的时间"为 0.5 秒,勾选"当前段落结束后保持 Flash 影片上的文字",使拜年文字的 Flash 效果播放完毕后,该文字继续保留在舞台上,如图 9-1-28 所示。

继续设置祝福图片的 Flash 效果。

选中祝福图片,单击"选择效果"选项,设置效果为 1 Classic|Zoom,进一步设置 Zoom 效果的相关参数,如图 9-1-29 所示。

进一步设置祝福图片的定时参数。单击"定时"选项,为减小 Flash 影片的存储空间,设置"在 Flash 影片中显示文字的时间"为 0.5 秒,如图 9-1-30 所示。

继续设置祝福文字的 Flash 效果。

选中祝福文字"祝您虎年大吉、虎虎生威!",单击"选择效果"选项,设置效果为 Classic char based|Zoom in,适当设置 Zoom in 效果的相关参数,如图 9-1-31 所示。

进一步设置祝福文字在舞台中的位置。单击"位置"选项,设置相对位置的偏移参数,如图 9-1-32 所示。

图 9-1-28　拜年表情包制作 9

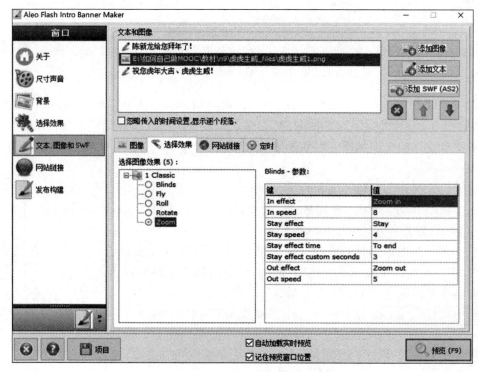

图 9-1-29　拜年表情包制作 10

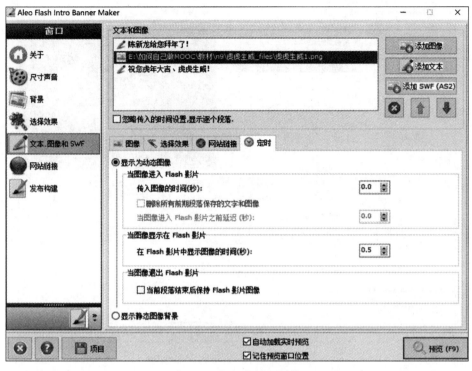

图 9-1-30　拜年表情包制作 11

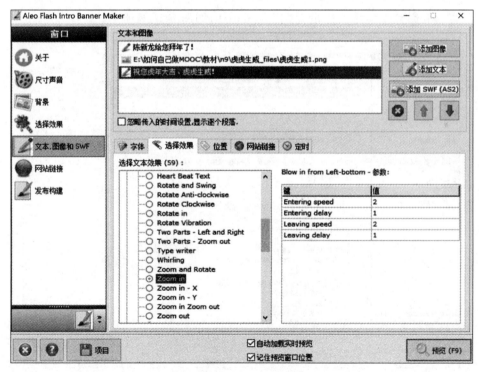

图 9-1-31　拜年表情包制作 12

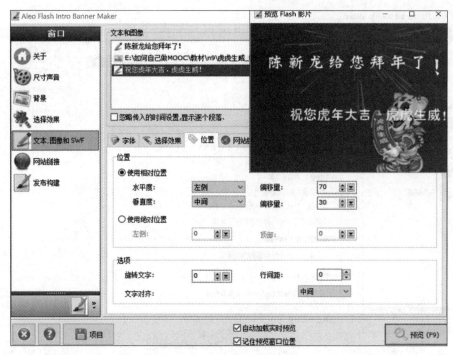

图 9-1-32　拜年表情包制作 13

进一步设置祝福文字的定时参数。单击"定时"选项，为减小 Flash 影片的存储空间，设置"在 Flash 影片中显示文字的时间"为 0.5 秒，如图 9-1-33 所示。

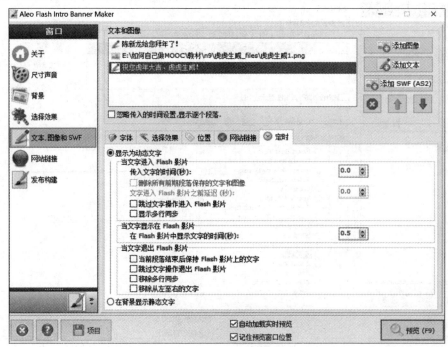

图 9-1-33　拜年表情包制作 14

设计完成后,发布设计成果。

单击"发布构建"菜单,单击"发布"按钮,选择发布文件类型为"发布为视频",如图 9-1-34 所示。

图 9-1-34　拜年表情包制作 15

单击"确定"按钮,输入发布后的视频文件的名称,单击"保存"按钮,发布设计成果。

该动画原始信息如图 9-1-35 所示。将该表情包发送到微信文件传输助手,微信中的浏览效果如图 9-1-36 所示。

图 9-1-35　原始信息

图 9-1-36　微信中的浏览效果

9.1.3 网上项目申报封面动图的制作

"互联网＋"时代,各类项目基本上是通过网络申报。通过网络进行项目申报时,一般应上传一张图片,作为项目申报的封面。

项目负责人在申报项目时,一般会找专业公司制作一张静态图片或自己设计一张静态图片作为项目封面上传到网络。

本节介绍单纯利用PPT结合OFFICE MIX、格式转换工具设计一张动图作为项目申报的封面,该封面的效果如图9-1-37所示。

图 9-1-37　申报封面的动图

进入PowerPoint,新建一个空白文档。选择"设计|幻灯片大小"菜单选项,选择"宽屏(16∶9)",界面如图9-1-38所示。

图 9-1-38　封面动图制作1

如图 9-1-38 所示界面中，单击"设置背景格式"选项，选中"图片或纹理填充"，在随后出现的界面中，单击"插入"按钮，出现如图 9-1-39 所示界面。

图 9-1-39　封面动图制作 2

单击"浏览"按钮，在随后出现的"插入"图片对话框中，选择提前准备好的背景图片，单击"插入"按钮，将准备好的背景图片设置为幻灯片的背景，如图 9-1-40 所示。

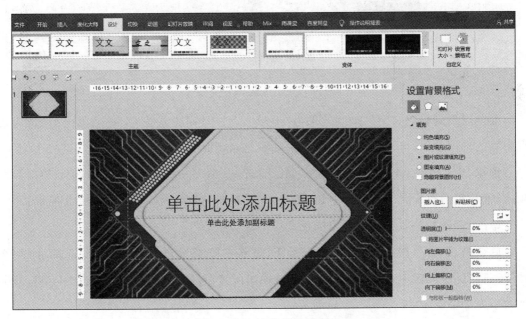

图 9-1-40　封面动图制作 3

背景图像是项目申报封面图像的基础。本封面图像是"电路原理"课程的申报封面图像，背景图像是一张集成电路的图像，与申报课程主题非常吻合。

此外，作为项目申报的封面图像应反映申报项目的名称及项目特色等。可修改标题文字为申报课程名称"电路原理"，修改副标题文字为申报课程特色描述"无经费应急建设线上课程、"雨课堂"平台强化保障的混合式教学创新实践"。

标题文字、副标题文字修改完成后，可设置这两个标题文字的动画效果，以实现最终的动图效果。

可设置标题文字"电路原理"的动画效果为"掉落"，动画计时方式为"与上一动画同时"，如图 9-1-41 所示。

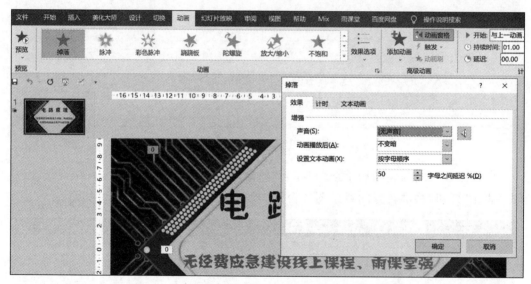

图 9-1-41 封面动图制作 4

继续设置副标题文字的动画效果为"缩放"，动画计时方式为"上一动画之后"。为实现较好的动图效果，可设置该动画在上一动画之后延时 0.25 秒播放，如图 9-1-42 所示。

预览 PPT 效果，效果满意后，选择 Mix|Export to Video 菜单命令，将 PPT 导出为视频，设置导出的视频大小可设为 Full HD(1080p)，即 1920×1080，如图 9-1-43 所示。

单击 Next 按钮，将 PPT 导出为视频。

启动格式工厂，视频条板中，单击 GIF，进入 GIF 格式转换任务面板，选择"添加文件"按钮，打开"虎虎生威.mp4"文件，单击"输出配置"按钮，选择预设配置为"640i"，即屏幕大小为 1920×1080，如图 9-1-44 所示。

项目申报封面动图制作完成，将转换后的动图上传到网络即可。

图 9-1-42　封面动图制作 5

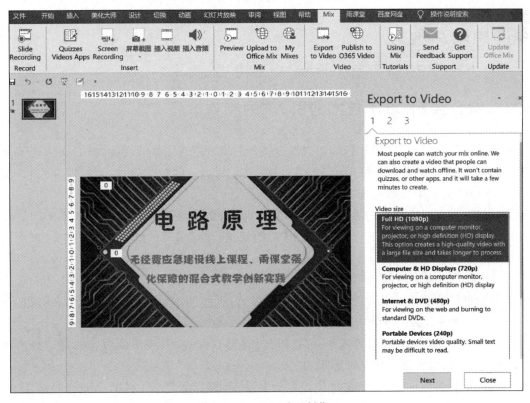

图 9-1-43　封面动图制作 6

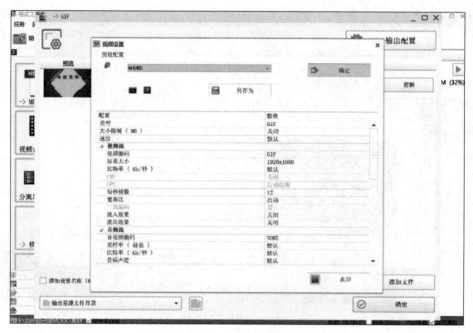

图 9-1-44　封面动图制作 7

思考与练习

9.1.1　GIF 动画是视频还是图像,二者有何异同?

视频

9.2　综合实例"电子技术的引入"的制作

　　微课是学习内容、过程及扩展素材综合的结构化数字资源。微课的核心组成内容是课堂教学视频(课例片段),同时还包含与该教学主题相关的教学设计、素材课件、教学反思、练习测试及学生反馈等辅助性教学资源。

　　本书主要介绍以合成的方法制作微课,基于合成的方法制作微课的步骤如下:

　　(1)编写脚本,制作 PPT。为方便 PPT 的录制,建议编写的脚本对应 PPT 录制中语音的全部文字。

　　(2)多人语音旁白的录制。基于 PPT 配套语音的全部文字,可利用 Balabolka 合成PPT 配套的语音旁白。为实现更好的教学效果,可利用 Balabolka 合成多人语音旁白。

　　(3)基于多人旁白录制 PPT,导出初始的 PPT 教学视频。

　　(4)制作基于口型动画的视频旁白。可设计重点内容、易混淆的内容的基于口型动画的视频旁白,增强微课作品的感染力。

　　(5)微课作品的后期合成制作。可设计微课的背景图像,利用 Aleo Flash Intro Banner Maker 制作微课的片头及片尾,之后,利用 Premiere CC 将 PPT 教学视频、多人语音旁白、基于口型动画的视频旁白、背景图像、片头及片尾等合成为最终作品。

下面以"电子技术的引入"为例介绍微课作品的制作方法。

9.2.1　脚本及 PPT 的制作

先设计该作品的脚本,制作配套的 PPT。

微课作品包括基础教学内容、习题、总结与反思等基础构件。

电子技术的引入为电子技术课程的绪论,主要讲述半导体材料的特性,电子技术对时代的影响等内容。作者著有相关教材,基于编写的教材,可编写用于 Balabolka 合成的基础教学内容配套的脚本。

基于编写的脚本,制作配套的 PPT,主要包括以下步骤。

1. 微课作品内容简介

微课作品内容简介配套的 PPT 如图 9-2-1 所示。

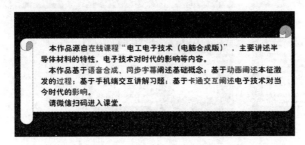

图 9-2-1　微课作品内容简介

2. 半导体材料的特性简介

半导体材料的特性简介配套的 PPT 如图 9-2-2 所示。

3. 习题及其反思

基于介绍的半导体材料的特性简介,设计一个选择题以加深对基础概念的理解。基于答题结果,进行反思与总结,制作的 PPT 如图 9-2-3 所示。

4. 电子技术对时代的影响

电子技术对时代的影响配套的 PPT 如图 9-2-4 所示。

9.2.2　多人语音旁白与基于口型动画的视频旁白的制作

PPT 的配套语音旁白的全部脚本编写完成后,可利用 Balabolka 合成 PPT 配套的语音旁白。

可如下设计语音旁白合成方案:

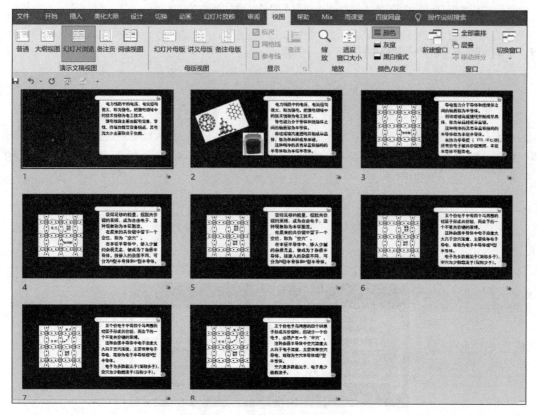

图 9-2-2　半导体材料的特性简介

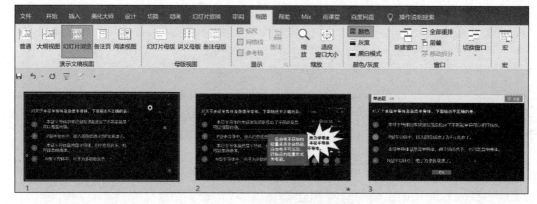

图 9-2-3　习题及其反思

如图 9-2-1 所示的 PPT 不使用语音旁白,仅 PPT 展示。

如图 9-2-2 所示的 PPT 的语音旁白,使用 Microsoft Huihui Desktop 中文女声库合成。

如图 9-2-3 所示的 PPT 为习题及基于习题的反思,其语音旁白,使用 VW LiLy 中文女声库合成。

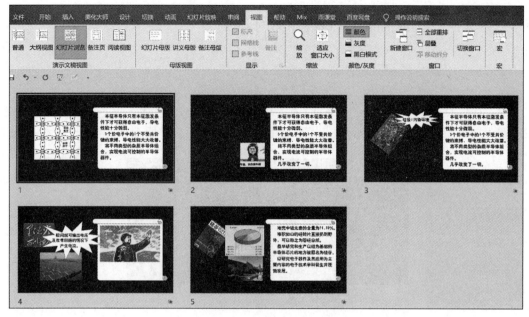

图 9-2-4　电子技术对时代的影响

如图 9-2-4 所示的 PPT 讲述的是电子技术对时代的影响，为突出教学效果，主体使用 Microsoft Huihui Desktop 库合成，其中的第四张 PPT 的引出问题部分，使用 VW Wang 中文男声库合成。

基于上面的多人语音旁白合成方案，设计两个基于口型动画的视频旁白，具体如下：

如图 9-2-3 所示的习题及其反思 PPT，为突出反思效果，使用了 VW LiLy 中文女声库合成语音旁白。基于该语音旁白，设计制作一个口型动画视频旁白，以加深对基础概念的理解，如图 9-2-5 所示。

如图 9-2-4 所示的第四张 PPT，基于晶体硅几乎改变了一切引出的问题讨论部分，为突出讨论的效果，使用了 VW Wang 中文男声库合成语音旁白。基于该语音旁白，制作一个口型动画的视频旁白，如图 9-2-6 所示。

图 9-2-5　习题及其反思的视频旁白

图 9-2-6　基于晶体硅的讨论

9.2.3　其他素材的准备及其最终作品的合成

1. 背景图像的设计

上面的初始教学 PPT 及视频旁白均使用了纯色背景,以方便最终的合成,可设计一张背景图像,用于最终作品的合成,设计的背景图像如图 9-2-7 所示。

图 9-2-7　背景图像

2. 片头及片尾的设计

片头是微课作品精华的凝练,是提升微课作品感染力的重要手段。可利用 Aleo Flash Intro Banner Maker 制作微课的片头,如图 9-2-8 和图 9-2-9 所示。

图 9-2-8　片头效果 1

图 9-2-9　片头效果 2

片尾一般用于版权标识等,制作的片尾如图 9-2-10 所示。

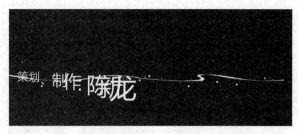

图 9-2-10 片尾效果

3. "雨课堂"平台扫码进入课堂、在线答题等课堂活动的录屏

如图 9-2-1 所示的微课作品内容简介中提到,请微信扫码进入课堂。如图 9-2-3 所示的习题总结中涉及线上答题结果统计。

为增强微课作品的感染力,可将"雨课堂"平台扫码进入课堂、在线答题等课堂活动录屏。"雨课堂"平台扫码进入课堂的录屏截图如图 9-2-11 所示。

图 9-2-11 "雨课堂"平台登录

"雨课堂"平台答题录屏截图如图 9-2-12 所示。

4. 手绘效果的应用

手绘效果可有效提升微课视频的感染力,提升微课视频的高阶性。可将让学生扫码进入课堂的二维码手绘处理,提升微课视频的高阶性,参考效果如图 9-2-13 所示。

5. 最终效果的合成

全部素材准备好后,利用 Premiere CC 将 PPT 视频、课堂活动录屏、手绘视频、视频旁白、背景图像、片头及片尾等合成为最终作品。手绘效果的合成效果如图 9-2-14 所示。

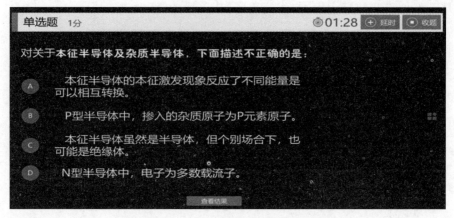

图 9-2-12 "雨课堂"平台答题

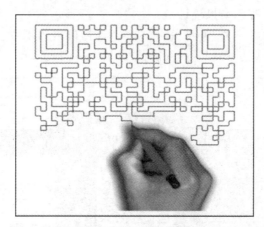

图 9-2-13 手绘效果

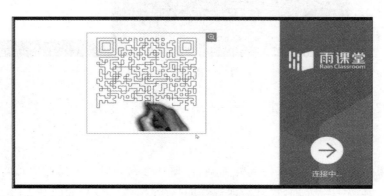

图 9-2-14 手绘效果的合成

在线习题课堂活动的合成效果如图 9-2-15 所示。

习题及其反思的视频旁白的合成效果如图 9-2-16 所示。

基于晶体硅的讨论的视频旁白的合成效果如图 9-2-17 所示。

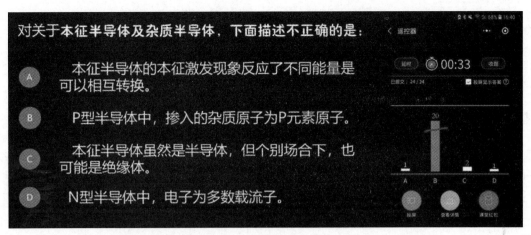

图 9-2-15　在线习题课堂活动

图 9-2-16　习题及其反思的视频旁白

图 9-2-17　基于晶体硅的讨论的视频旁白

思考与练习

9.2.1　如图 9-2-14 所示的合成效果是哪几个素材的合成效果？

视频

9.3 上线我的慕课

慕课即大型开放式网络课程,建设慕课非常有利于开始教学改革,提升教学质量。

9.3.1 利用"格式工厂"转换慕课视频

慕课是基于碎片化知识点进行教学重构后的课程,其碎片化的知识点的核心表现形式为慕课视频。

慕课视频及其线上资源制作完成后,可选择国内的慕课平台上线课程。

必须指出,利用 Premiere CC 合成制作的原始视频比特率非常高,不适合直接发布到网上在线浏览,应使用格式转换软件转换格式,降低比特率之后可上线发布。

可使用格式工厂转换慕课视频,降低其比特率。

下面进入格式工厂,具体演示利用格式工厂转换慕课视频格式并降低其比特率的方法。

视频条板中,单击 MP4,进入 MP4 格式转换任务面板,选择"添加文件"按钮,打开"片头.AVI"文件,单击"输出配置"按钮,选择"最优化的质量和大小",如图 9-3-1 所示。

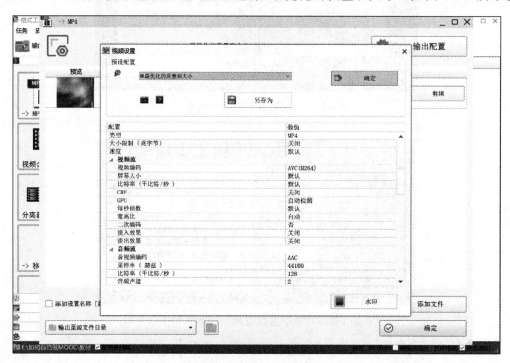

图 9-3-1 格式转换 1

图 9-3-1 中,设定视频流屏幕大小、比特率、每秒帧数均为默认,音频流比特率为 128 千比特/秒。

单击"确定"按钮,确认选择的视频设置。

如图 9-3-1 所示界面中,转换后的视频的输出文件夹和源文件相同,可单击"改变快捷图标" ,改变输出文件夹。

继续单击"确定"按钮,确认选择的文件,该文件已进入任务列表区。之后,可单击"开始"按钮,执行转换任务。

必须指出的是,默认的"最优化的质量和大小"的输出配置下得到的视频文件,其比特率依旧偏大,并不适合于直接发布到网上在线浏览。可通过设定输出配置中的比特率等参数进一步降低视频的比特率,参考设置如图 9-3-2 所示。图中,设定视频流比特率为 1024 千比特/秒、每秒帧数为 12 帧,音频流比特率为 96 千比特/秒。

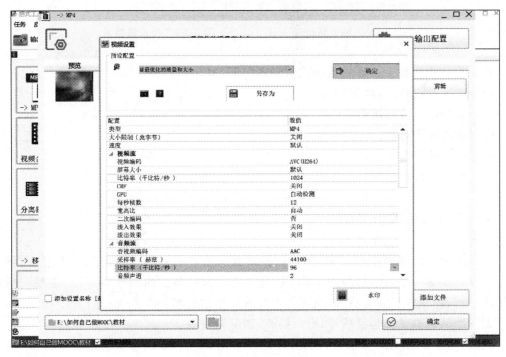

图 9-3-2　格式转换 2

下面通过实例来具体展示利用格式工厂降低比特率的效果。

源视频信息如图 9-3-3 所示。该视频片段为重庆市线上一流课程"电工电子技术"的剪辑片段,作为本书中"引言"的合成课程的范例片段被引用。该剪辑片段的初始视频用 Premiere CC 合成制作,之后,按照如图 9-3-1 所示设置进行转换后所取得的转换效果。图中,视频流比特率为 2811 千比特/秒、每秒帧数为 23.98 帧,总比特率为 2939 千比特/秒。

将如图 9-3-3 所示视频文件按照如图 9-3-2 所示设置进行再次转换,转换后的文件的信息如图 9-3-4 所示。

图中,视频流比特率为 889 千比特/秒、帧速率为 12 帧/秒,总比特率为 985 千比特/秒,显著降低了源视频的比特率。

图 9-3-3　格式转换 3　　　　　图 9-3-4　格式转换 4

利用格式工厂转换慕课视频格式的步骤如下：

（1）选择视频格式，如 MP4；

（2）选择待转换的视频文件；

（3）设置转换参数；

（4）设置输出文件夹；

（5）单击开始启动转换任务。

9.3.2　上线前的准备工作

当慕课视频全部制作审定完成后，很多读者迫不及待地想上线慕课。不过，在各大平台开设慕课是一项非常烦琐的工作，上线前必须做好各方面的准备工作，主要包括课程团队材料、课程自身的材料，以及课程上线前的申请材料。

课程团队材料主要包括照片、个人简介、团队荣誉等。

当然，这些是传统课程评审的团队材料。慕课课程一般以虚拟课堂模式开设，所有流程基于互联网络开展，课程团队中的成员应具有经认证的教师账号。

不同平台，教师身份实名认证的流程不同。中国大学慕课平台教师身份实名认证流程如下：

在"爱课程"网站注册一个账号，如图 9-3-5 所示。

登录后，单击"教师认证"按钮，进入教师认证界面，录入相关认证信息，如图 9-3-6 所示。

提交认证信息，供工作人员审核。实名认证审核通过后，用"爱课程"网站注册的账号登录中国大学慕课，获得开课权限后，可建设自己的慕课。

慕课视频制作完成后，为方便课程的在线展示，除团队材料外，应进一步完善课程封面图片、课程简介、课程大纲、课程片花、特色及亮点等电子材料。

中国大学慕课平台上开设的慕课课程的介绍页如图 9-3-7 所示。

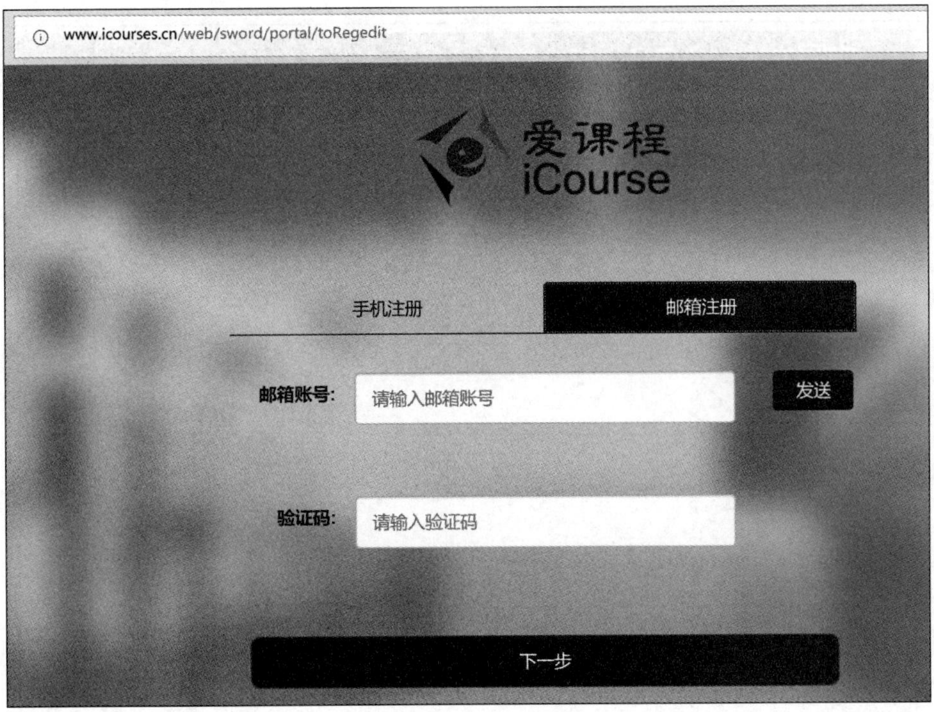

图 9-3-5　注册账号

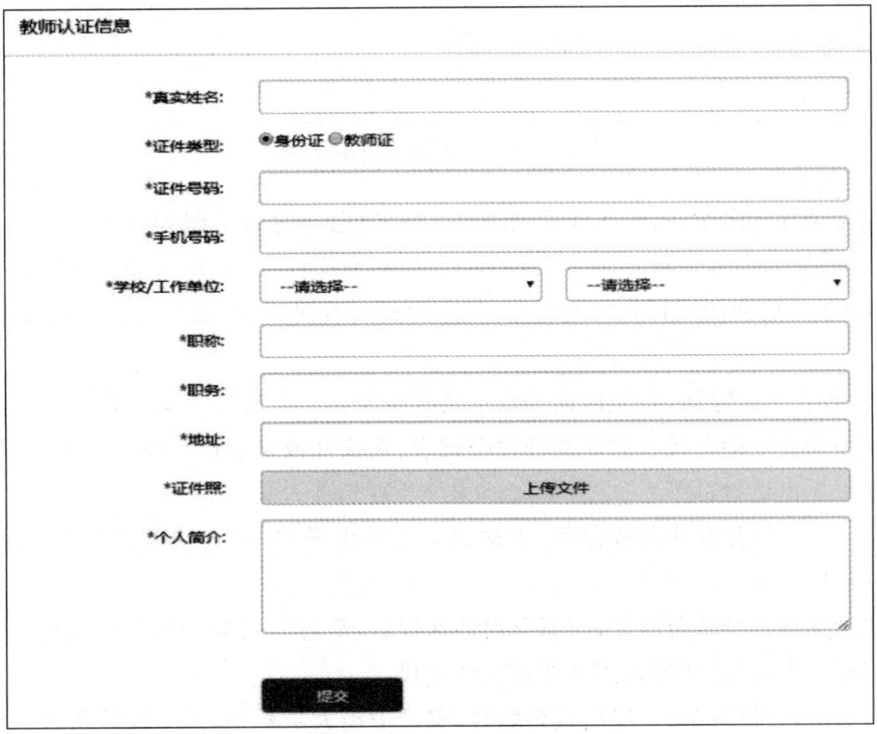

图 9-3-6　教师认证界面

图 9-3-7　慕课课程的介绍页

首先是课程的名称、所属大类等课程的基本信息。之后是课程介绍、课程概述等课程的简单的描述,参考界面如图 9-3-8 所示。接着是课程大纲、证书要求等,参考界面如图 9-3-9 所示。后面的栏目主要有课程图片、课程试看视频、授课目标、预备知识、参考资料等。

当然,要在平台建课,首先应向平台申请开设课程。申请材料主要有:

单位加盖公章的在线开放课程开设登记表、在线开放课程政治审查意见表及平台要求的其他纸质申请材料等。

重庆市首批精品在线开放课程"卡通说解数字电子技术"在线开放课程政治审查意见如图 9-3-10 所示。

这些纸质材料经平台审查,同意开设该课程后,平台一般会分配专门的编辑,负责该课程的编辑工作,以协助课程团队建设在线课程。

课程负责人可用前面注册的教师账号,登录中国大学慕课,进入课程管理后台,开始建设在线课程。后台建课界面参考效果如图 9-3-11 所示。

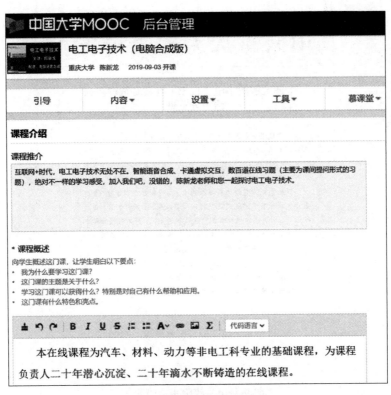

图 9-3-8　慕课课程的描述

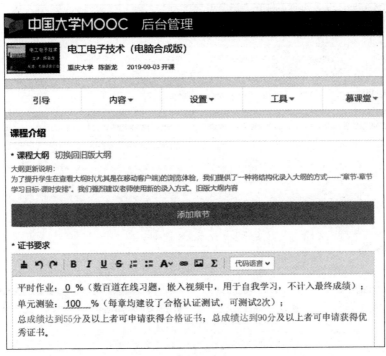

图 9-3-9　课程大纲与证书要求

图 9-3-10 政治审查意见

图 9-3-11 后台建课界面

9.3.3 在线资源的设计与制作

视频

在线资源的设计与制作是慕课上线的最后一个环节。除视频资源外,线上课程资源主要包括学习引导公告、课时发布计划、习题与测验、评分方式等。

不同平台,这些线上资源的实现方法各不相同,这里以"中国大学慕课"平台为例,介绍这些线上资源的设计制作方法。

当然,有读者可能说:"视频资源需要制作。对于习题,学习者需要的是具体解答,传统纸质习题解答辅导书上应该有的,应该不需要制作吧。"

传统纸质习题解答辅导书,的确是通过列出该习题的详细步骤,具体讲解其解题方法的。

可将这些详细步骤做成视频,供学习者学习。当然,上面提到的线上资源并不包括例题讲解之类的视频资源,是视频课时之外的习题。

尽管学习者做课外纸质习题时应列出详细步骤,但慕课课程是虚拟课程,慕课课程的课程负责人也不可能阅读批改每个网络学习者的解题步骤,应将主观题客观化,因此还是需要对这类习题进行特别制作的。

下面结合一个具体例子来介绍将主观题客观化的制作方法。

逻辑函数 Y 的卡诺图如图 9-3-12 所示,求其最简表达式?

AB\CD	00	01	11	10
00				1
01		1	1	1
11			1	1
10		1		1

图 9-3-12 主观题客观化 1

该逻辑函数的最简表达式如下:

$$Y = C\overline{D} + BC + \overline{A}BD + AB\overline{C}\overline{D}$$

为了实现主观题客观化,可额外设计两个错误的答案,参考设计如下:

$$Y = C\overline{D} + BC + \overline{A}BD + \overline{A}B\overline{D}$$

$$Y = C\overline{D} + BC + \overline{A}B\overline{D} + AB\overline{C}D$$

将函数 Y 的卡诺图及三个备选最简表达式做成一张图片,可实现将该题客观化。

当然,为方便学习者答题,可给三个备选最简表达式编序号,如图 9-3-13 所示。

基于如图 9-3-13 所示的图片,可设计该题的题干为:"上面哪个表达式是卡诺图的最简式?请填入 1(或 2、3),填入其他文字会判错哦!!!"

设计的线上习题效果如图 9-3-14 所示。基于图片结合题干的提示,我们成功地将该题转换为了一个填空题,实现了主观题的客观化。

下面进入"中国大学慕课"平台具体演示线上资源的建设方法。

CD AB	00	01	11	10
00				1
01		1	1	1
11			1	1
10			1	1

$$Y=C\bar{D}+BC+\bar{A}BD+A\bar{B}CD \quad(1)$$
$$Y=C\bar{D}+BC+\bar{A}BD+\bar{A}B\bar{D} \quad(2)$$
$$Y=C\bar{D}+BC+\bar{A}B\bar{D}+A\bar{B}CD \quad(3)$$

图 9-3-13　主观题客观化 2

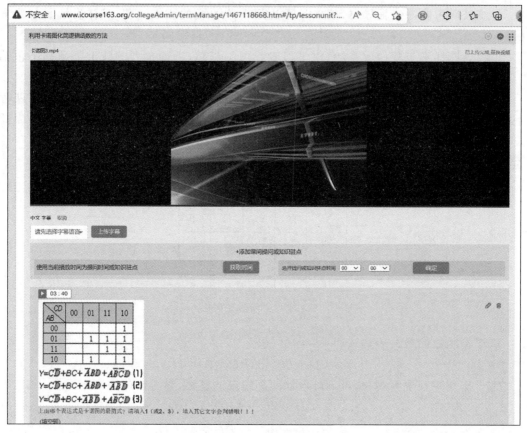

图 9-3-14　主观题客观化 3

用"爱课程"网站注册的教师账号登录"中国大学慕课"平台,进入个人中心,单击"课程管理后台",进入管理后台,界面如图 9-3-15 所示。

开课申请批准后,课程编辑会给课程分配一个具体的开课学期。单击"学期管理"菜单,选择一个具体的开课学期,进入编辑界面,如图 9-3-11 所示。

可先录入课程团队的内容,然后设计介绍页的内容,之后设计公告及评分方式等内容。

图 9-3-15　线上课程建设 1

当然,线上建课的主要内容是发布教学单元内容。

如图 9-3-15 所示界面中,单击"发布内容"按钮,进入发布界面,如图 9-3-11 所示。

如图 9-3-11 所示界面中,单击"发布教学单元内容"按钮,进入教学单元内容发布界面,如图 9-3-16 所示。

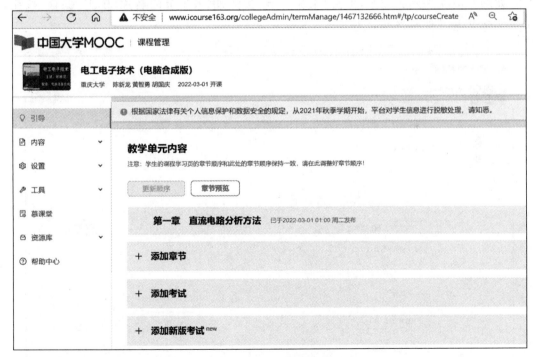

图 9-3-16　线上课程建设 2

单击"添加章节"按钮,输入"章的名称",设置发布时间,单击"保存"按钮,出现如图 9-3-17 所示界面。

图 9-3-17　线上课程建设 3

如图 9-3-17 所示界面中,单击"添加小节"按钮,输入小节的名称,单击"保存"按钮,出现如图 9-3-18 所示界面。

图 9-3-18　线上课程建设 4

如图 9-3-18 所示界面中，单击"编辑教学内容"按钮，出现如图 9-3-19 所示界面。

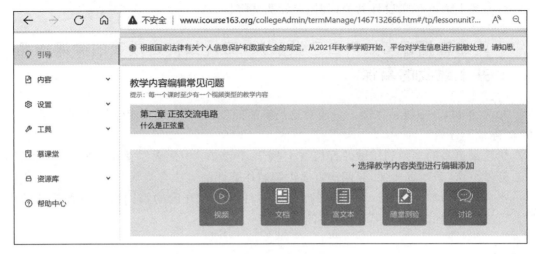

图 9-3-19　线上课程建设 5

如图 9-3-19 所示界面中，单击"视频"按钮，给小节添加视频。输入视频名称并保存。之后，单击"上传视频"按钮，可将制作好的视频上传到平台，如图 9-3-20 所示。

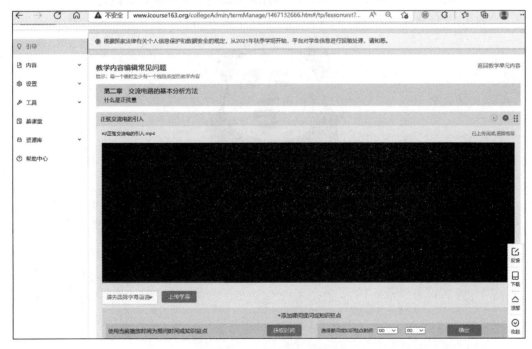

图 9-3-20　线上课程建设 6

如图 9-3-20 所示界面中，移动播放时间轴到需要添加课间提问的位置。单击"获取时间"按钮，选择课间提问的题型为填空题。

导入提前制作的图片，输入题干，设置答案，单击"保存"按钮，保存课间提问。设计的课间提问参考实例如图 9-3-14 所示。

可参考上面的步骤设计其他课时、单元测试等。

9.4 网络直播课：如何自己做慕课（四）｜如何合成我的微课作品并上线我的慕课

2020 年初，新冠疫情来袭。为应对这场突然的疫情，教育部要求学生"停课不停学"，教师"停课不停教"。

为帮助更多的老师利用微课开展线上教学，作者在"中国大学慕课"平台开设了"如何自己做慕课"系列直播课，分四次直播讲解制作慕课的方法与步骤。

本节内容为本书第 8、9 章内容的总结，同时是作者开设的第四次网络直播课的内容。可扫描旁边的二维码回看该次网络直播课。

视频

习题

1. 利用 PPT 结合格式工厂制作如图 9-1 所示的表情包。
2. 利用 Aleo Flash Intro Banner Maker 制作如图 9-1 所示的表情包。
3. 利用 ESP 结合格式工厂制作如图 9-1 所示的表情包。

这是真的？
我是相信了！！！

图 9-1　习题 1、2、3 的图